高等职业教育城市轨道交通专业系列教材

CHENGSHI GUIDAO JIAOTONG
DIANFUTI XITONG JI JIANXIU

城市轨道交通电扶梯系统及检修

西安交通大学出版社
XI'AN JIAOTONG UNIVERSITY PRESS

主　编　李春亚　许延龙
副主编　张　猛　杨镒成*
参　编　王淼森　乔龙图　张玉芳　孙康萌*
主　审　巩　奇*

（注：标注有*的人员为郑州地铁集团有限公司运营分公司专家）

图书在版编目(CIP)数据

城市轨道交通电扶梯系统及检修 / 李春亚,许延龙主编． —西安：西安交通大学出版社,2023.3
ISBN 978-7-5693-2629-1

Ⅰ.①城… Ⅱ.①李… ②许… Ⅲ.①城市铁路—车站设备—自动扶梯—检修—岗位培训—教材 Ⅳ.①U239.5

中国版本图书馆 CIP 数据核字(2022)第 093496 号

书　　名	城市轨道交通电扶梯系统及检修 Chengshi Guidao Jiaotong Dianfuti Xitong ji Jianxiu
主　　编	李春亚　许延龙
策划编辑	曹　昳　杨　璠
责任编辑	张　欣　曹　昳
责任校对	李　文
封面设计	任加盟
出版发行	西安交通大学出版社 (西安市兴庆南路1号　邮政编码 710048)
网　　址	http://www.xjtupress.com
电　　话	(029)82668357　82667874(市场营销中心) (029)82668315(总编办)
传　　真	(029)82668280
印　　刷	西安五星印刷有限公司
开　　本	787 mm×1092 mm　1/16　印张 12.5　字数 302千字
版次印次	2023年3月第1版　2023年3月第1次印刷
书　　号	ISBN 978-7-5693-2629-1
定　　价	45.60元

如发现印装质量问题,请与本社市场营销中心联系。
订购热线:(029)82665248　(029)82667874
投稿热线:(029)82668804
读者信箱:phoe@qq.com

版权所有　侵权必究

前 言

党的二十大报告指出:"教育、科技、人才是全面建设社会主义现代化国家的基础性、战略性支撑。必须坚持科技是第一生产力、人才是第一资源、创新是第一动力,深入实施科教兴国战略、人才强国战略、创新驱动发展战略,开辟发展新领域新赛道,不断塑造发展新动能新优势。"

在绿色交通大背景下,我国城市轨道交通处于快速发展阶段,随着大数据、人工智能等技术的发展,我国城市轨道交通也正在迈向"智慧化"。四通八达的城市轨道交通在改变人们出行方式的同时,城轨交通行业对于高素质技能人才的需求量也与日剧增,如何培养符合产业发展需求的技能人才成为职业院校面临的重大挑战。本教材内容根据城轨机电及城轨运营等专业任职岗位能力需求进行选取,强调理论与实践相结合,突出实用性和先进性,重点培养学生发现问题、分析问题、解决问题的能力以及科技兴国的情怀。

本教材可配套城市轨道交通机电技术专业资源库使用,教材具有以下特色:

(1)编写过程中充分发挥校企合作优势,聘请具有多年一线工作经验的地铁从业人员参与教材的编写,实现校企课程资源共建共享。

(2)内容以满足城市轨道交通实际岗位职业能力需求为基本出发点,理论知识全面,侧重于实际工作岗位操作技能的培养,实操部分结合地铁现场设备,真正做到理论与实际相结合。

(3)可与专业教学资源库的在线课程配套使用,课程资源以二维码形式嵌入正文,包含微课视频、实操视频、动画以及虚拟仿真等内容,辅助教师开展信息化教学。

(4)将"爱国、爱岗、敬业、安全"等思政目标融入教材每个模块,培养爱岗敬业、不断创新、有时代责任感的新时代轨道交通事业的接班人。

与本书配套的精品在线开放课程"城市轨道交通电扶梯系统及检修"已在智慧职教 MOOC 平台上开放。课程也是由郑州铁路职业技术学院和郑州地铁集团有限公司运营分公司共同开发的,课程配有微课视频、课件、动画、在线测试等资料,课程内容与教材内容相对应。

本书由郑州铁路职业技术学院、郑州地铁集团有限公司合作编写。由郑州铁路职业技术学院李春亚、郑州地铁集团有限公司许延龙担任主编,郑州铁路职业技术学院张猛和郑州地铁集团有限公司杨镒成担任副主编，王淼森、乔龙图、张玉芳、孙康萌、杨镒成参编。其中李春亚编写项目2，许延龙、孙康萌编写项目5，张猛编写项目1，王淼森编写项目3，乔龙图编写项目7，张玉芳编写项目4，杨镒成编写项目6。全书由李春亚负责统稿，郑州地铁集团有限公司巩奇主审并提出许多宝贵意见。教材编写过程得到郑州地铁集团有限公司的大力支持，对此表示感谢！

  本教材在编写过程中得到郑州地铁集团有限公司专业技术人员的指导和帮助，同时也参考了公开出版与发表的教材和文献，在此表示衷心的感谢！由于编撰时间有限及编者水平有限，教材内容难免有不妥之处，殷切希望广大读者提出宝贵意见。

编 者

2022 年 12 月

目 录

项目一 城市轨道交通电扶梯系统概述 ……………………………………… 1
    1.1 电扶梯发展史 ……………………………………………………………… 2
    1.2 电扶梯设备的发展趋势 …………………………………………………… 8
    1.3 电扶梯设备相关技术标准 ………………………………………………… 11

项目二 城市轨道交通电梯设备 …………………………………………… 16
    2.1 电梯基础知识 …………………………………………………………… 16
    2.2 曳引系统 ………………………………………………………………… 27
    2.3 轿厢系统 ………………………………………………………………… 39
    2.4 门系统 …………………………………………………………………… 43
    2.5 重量平衡系统 …………………………………………………………… 51
    2.6 导向系统 ………………………………………………………………… 56
    2.7 安全保护系统 …………………………………………………………… 60
    2.8 电气控制系统 …………………………………………………………… 75
    2.9 电力拖动系统 …………………………………………………………… 81
    2.10 城市轨道交通电梯设备与各专业的接口 ……………………………… 85

项目三 城市轨道交通自动扶梯设备 ……………………………………… 90
    3.1 自动扶梯基础知识 ……………………………………………………… 90
    3.2 驱动系统 ………………………………………………………………… 95
    3.3 桁架 ……………………………………………………………………… 97
    3.4 运载系统 ………………………………………………………………… 99
    3.5 扶手装置系统 …………………………………………………………… 103

3.6 电气控制系统 …………………………………………………………… 106

3.7 安全保护装置 …………………………………………………………… 109

3.8 城市轨道交通自动扶梯与各专业的接口 ……………………………… 117

项目四 电扶梯设备常用维修工具及仪器仪表 …………………………… 120

4.1 常用维修工具 …………………………………………………………… 120

4.2 常用仪器仪表 …………………………………………………………… 125

4.3 常用工器具一览表 ……………………………………………………… 132

项目五 城市轨道交通电扶梯设备运行与维护 …………………………… 134

5.1 电扶梯安全操作规程 …………………………………………………… 134

5.2 电扶梯设备维护模式 …………………………………………………… 140

5.3 地铁车站电梯日常运行 ………………………………………………… 142

5.4 地铁车站电梯设备维护保养 …………………………………………… 144

5.5 地铁车站自动扶梯日常运行 …………………………………………… 155

5.6 地铁车站自动扶梯设备维护保养 ……………………………………… 157

项目六 城市轨道交通电扶梯设备常见故障处理 ………………………… 167

6.1 电扶梯故障处理规程 …………………………………………………… 167

6.2 电梯设备常见故障及处理方法 ………………………………………… 169

6.3 自动扶梯设备常见故障及处理方法 …………………………………… 173

6.4 电扶梯故障处理实例 …………………………………………………… 177

项目七 实训项目 …………………………………………………………… 189

实训项目一 认识电梯 …………………………………………………… 189

实训项目二 电梯设备结构认知 ………………………………………… 190

实训项目三 限速器安全钳联动机构认知 ……………………………… 191

实训项目四 电梯轿门的安装与调整 …………………………………… 192

实训项目五 认识自动扶梯 ……………………………………………… 193

实训项目六 自动扶梯梯级拆装 ………………………………………… 194

项目一　城市轨道交通电扶梯系统概述

情景导入

地铁作为城市的主要公共交通设施,是城市现代化的重要标志之一。电扶梯设备作为城市轨道交通地铁车站重要的机电设备,包括电梯和自动扶梯。电梯除满足无障碍设施设计的要求,同时还兼顾着大尺寸及重行李的垂直乘降功能。自动扶梯作为轨道交通车站内集散乘客的主要运输工具,有效地解决了地面至站厅、站厅至站台不同标高间乘客的乘降需要,改善乘客乘车条件,增加乘车舒适度,当发生火灾等异常情况时,能安全、快捷、高效地疏散乘客。作为地铁客运服务重要设备,电扶梯在城市轨道交通的建设和运营中越来越受到人们的关注。

任务引领

(1)了解电扶梯的起源及发展趋势。
(2)了解我国电扶梯的发展历程。
(3)了解电扶梯的相关技术标准。
(4)熟悉城市轨道交通电扶梯设计相关规定。
(5)坚定四个自信,增强民族自豪感。

项目实施

在《特种设备安全监察条例》中,电梯是指动力驱动,利用沿刚性导轨运行的箱体或者沿固定线路运行的梯级(踏步),进行升降或者平行运送人、货物的机电设备。这里所指的电梯为广义电梯。在GB/T 7024—2008《电梯、自动扶梯、自动人行道术语》中对电梯的定义为狭义的电梯,即服务于建筑物内若干特定的楼层,其轿厢运行在至少两列垂直于水平面或沿垂线倾斜角小于15°的刚性导轨运动的永久运输设备。本教材所指的电梯为狭义电梯。

1.1 电扶梯发展史

1.1.1 电梯的起源与发展

(1)13 世纪前的卷扬机(绞车)阶段。人类利用升降工具运输人和货物的历史悠久,早在公元前 1100 年前后,我国周朝时期出现了辘轳,用于提水或者升降重物,如图 1.1 所示。公元前 236 年古希腊数学家、物理学家及天文学家阿基米德发明了绞车。这些都是通过人力驱动,由卷筒、支架、绳索、摇杆等组成的最原始形态的升降机械。

微课:电扶梯系统概述

图 1.1 辘轳取水

(2)19 世纪前半叶的升降机阶段。1765 年,英国人瓦特发明了蒸汽机,人类开始使用机械动力来代替人完成繁重的体力劳动。19 世纪初,欧美开始使用蒸汽机作为升降工具的动力,卷扬机开始被升降机所代替。1835 年,英国出现了以蒸汽为动力的升降机。1845 年,英国人汤姆逊研制出第一台水压式的升降机。这个时期,升降机以液压或气压为动力,安全性和可靠性还无保障,较少用于载人。

(3)19 世纪后半叶的升降机阶段。尽管升降工具被富有革新精神的工程师们不断地改进,但被业界普遍认可的升降机仍然没有出现。直到 1852 年,美国纽约杨克斯(Yonkers)的机械工程师奥的斯在总结前人经验的基础上制成了世界第一台安全升降机。1854 年,在纽约水晶宫举行的世界博览会上,奥的斯第一次向世人展示了他的发明(图 1.2),从此宣告了电梯的诞生,也打消了人们长期以来对于升降机安全性的质疑。1857 年,奥的斯电梯公司为纽约霍沃特公司安装了世界上第一台安全客运电梯,载重 500 kg,速度 0.2 m/s,为高楼提供了重要的垂直运输工具。

项目一　城市轨道交通电扶梯系统概述

图1.2　奥的斯展示安全升降机

(4)1889年电梯出现之后的阶段。1889年12月,奥的斯公司在美国纽约第玛瑞斯特大楼成功安装了一台直接连接式升降机,采用直流电动机为动力,通过蜗轮减速器带动卷筒上缠绕的绳索悬挂并升降轿厢,运行速度为0.5 m/s。这是世界上第一台由直流电机提供动力的电力驱动升降机,也是世界上第一台名副其实的电梯,如图1.3所示。由于它是通过卷筒升降轿厢,也称为鼓轮式电梯,属于强制式电梯,该电梯由钢丝绳一端悬挂轿厢,另一端固定在绳鼓上,通过钢丝绳卷绕或者释放使轿厢升降,如图1.4(a)所示。1903年,奥的斯公司采用曳引驱动代替鼓轮式驱动,曳引钢丝绳悬挂在曳引轮上,一端与轿厢相连,一端与对重相连,曳引轮转动时,依靠钢丝绳与绳轮之间的摩擦力带动轿厢运行,如图1.4(b)所示。曳引驱动使传动机构的体积大大减小,解决了一直困扰卷筒电梯的长行程提升限制,使电梯的最大提升高度由几十米扩展到理论上可达800 m,因其钢丝绳根数不受限制,使电梯载重量大大增加且提升电梯的安全性。曳引式传动从此成为现代电梯广泛使用的传动系统。

图1.3　世界第一台电梯

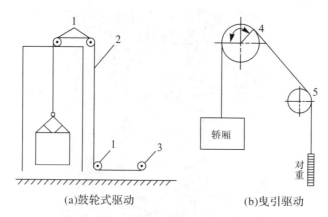

(a)鼓轮式驱动　　　　　(b)曳引驱动

1—定滑轮；2—钢丝绳；3—卷筒＋电动机；4—曳引轮；5—导向轮。

图1.4　电梯驱动方式

(5)现代电梯阶段。从1975年开始为现代电梯阶段，这个阶段以计算机、群控和集成块为特征，配合超高层建筑的需要，向高速、双轿厢、无机房等多方面的新技术方向迅猛发展，电梯成为楼宇自动化的一个重要子系统。1976年，微机开始应用于电梯，使电梯电气控制进入了一个新的发展时期。之后，出现了交流调频调压电梯，开拓了电梯电力拖动的新领域，结束了直流电梯独占高速电梯领域的局面。

1989年，奥的斯电梯公司在日本发布了无机房线性电动机驱动电梯。1990年，三菱电机公司首次将变频驱动系统应用于液压电梯。1993年，三菱电机公司安装了当时世界上速度最快的乘客电梯，速度为12.5 m/s。1995年，三菱电机公司开发出MEL ART全彩色图形喷漆技术，用于电梯部件(如电梯门)的喷漆。

1996年，通力电梯发布了其最新设计的小机房电梯MiniSpace和无机房电梯，采用Eco-Disc碟式永磁同步电动机。迅达电梯公司推出Miconic 10目的楼层厅站登记系统。三菱电机公司开发出采用永磁同步无齿轮曳引机和双盘式制动系统的双层轿厢高速电梯。奥的斯电梯公司提出了Odyssey™电梯系统概念，一种新的、革命性的电梯概念诞生——垂直与水平交通自由换乘。

1997年，迅达电梯公司在德国慕尼黑展示了Mobile无机房电梯，无须曳引绳和承载井道，自驱动轿厢在自支撑的铝制导轨上垂直运行。2000年，奥的斯电梯公司开发出GeN2无机房电梯。采用扁平的钢丝绳加固胶带牵引轿厢。2000年5月，迅达电梯公司发布了无机房电梯，采用高强度无钢丝绳芯的合成纤维曳引绳牵引轿厢，替代传统的曳引钢丝绳。2016年，"上海中心"电梯以20.5 m/s的速度被吉尼斯世界纪录认定为当今全球正在运行的最快电梯。

这段时期，电梯技术飞速发展，在集约化、智能化与个性化等方面不断获得新的突破，尤其是物联网技术在电梯全生命周期的应用，为智能预警、监控提供了大数据平台解决方案。电梯拖动系统方面,采用曳引钢带代替传统的曳引钢丝绳,获得了更好的曳引性能和荷载能力,使用寿命更长,更清洁环保。同时,电梯控制系统更加智能化、人性化,主要体现在轿厢的合理调度与预先分配、客流量的科学计算、经济高效的运行理念、合理的等待限制,以及大厅及轿厢的监控系统、远程监控与故障自诊断以及残疾人等待,语音引导、提示,基站随机设置等特殊功能模块化配置等各方面。

1.1.2　国外自动扶梯发展史

1891 年,纽约企业家杰西·雷诺在美国科尼岛码头设计制造出世界上第一台自动扶梯,采用输送带原理,扶梯的起止点都有齿长 40 cm 的梳状铲,与脚踏板上的凹齿啮合。乘客站在倾斜移动的节片上,不必举足,便能上下扶梯。1892 年,乔治·韦勒设计出带有活动扶手的扶梯。

1898 年,美国设计者西伯格买下了一项扶梯专利,并与奥的斯电梯公司携手改进制作。1899 年 7 月 9 日,第一台奥的斯-西伯格梯阶式扶梯试制成功,采用水平梯级,踏板用硬木制成,有活动扶手和梳齿板,这是世界上第一台真正的扶梯。

1922 年,奥的斯电梯公司制造了世界上第一台现代化自动扶梯。这台扶梯采用水平楔槽式梯级与梳齿板相结合的设计方式,这种设计方式后来被其他扶梯制造商广泛使用并一直沿用至今。1985 年,日本三菱电机公司研制出曲线运行的螺旋形自动扶梯,并成功投入生产,如图1.5 所示。螺旋形自动扶梯可以节省建筑空间,具有装饰艺术效果。1991 年,日本三菱电机公司开发出带有中间水平段的大提升高度自动扶梯。这种多坡度型自动扶梯在满足提升高度的同时,可降低乘客对高度的恐惧感,并能与大楼楼梯结构协调配置。

图 1.5　螺旋形自动扶梯

1993 年,日本制造出可以乘运大型轮椅的自动扶梯,这种扶梯的几个相邻梯级可以联动形成支持轮椅的平台。20 世纪 90 年代末,日本富士达公司开发出变速式自动人行道。这种自动人行道以分段速度运行,乘客从低速段进入,然后进入高速平稳运行段,再后进入低速段离开。这样提高了乘客上下自动人行道时的安全,缩短了长行程时的乘梯时间。

2002年4月,日本三菱电机公司在第5届中国国际电梯展览会上展出了倾斜段高速运行的自动扶梯模型,其倾斜段的速度是出入口水平段速度的1.5倍。该扶梯不仅能够缩短乘客的乘梯时间,同时也提高了乘客上下扶梯时的安全性与平稳性。2003年2月奥的斯电梯公司发布了新型的自动扶梯,采用了革新的踏板设计,梯级踏板与围裙板成为协调运行的单一模块,除此以外还采用了其他一些提高自动扶梯安全性的新技术。

1.1.3 我国电扶梯发展史

自1900年以来,电梯服务我国已有100多年的历史。中国电梯事业起步较晚,发展可分为三个阶段。

1. 对进口电梯的销售、安装、维保使用阶段(1900—1949年)

1900年,美国奥的斯电梯公司通过代理商获得在中国的第1份电梯合同——为上海提供两部电梯。从此,世界电梯历史上展开了中国的一页。1907年,奥的斯公司在上海的汇中饭店(今和平饭店南楼)安装的两部电梯投入运行,这两部电梯被认为是我国最早使用的电梯。1924年,天津利顺德饭店安装了1台手柄开关操纵的乘客电梯,额定载重量为630 kg,采用交流220 V电源供电,额定速度为1 m/s,共5层5站,运行平稳,噪声很小,为我国现存并仍在正常运行的最古老的电梯,如图1.6所示。

图1.6 天津利顺德饭店电梯

1931年,瑞士迅达公司在上海的怡和洋行设立代理行,开展在中国的电梯销售、安装及维修业务。1935年,位于上海市南京路、西藏路交界口的9层高度的大新公司(今上海第一百货商店)安装了两台奥的斯公司的轮带式单人自动扶梯。这两台自动扶梯被认为是我国最早使用的自动扶梯。

截至1949年,上海各大楼共安装了进口电梯约1100台,其中美国生产的最多,为500多台;其次是瑞士生产的100多台,还有英国、日本、意大利、法国、德国、丹麦等国生产的。其中丹麦生产的一台交流双速电梯额定载重量8 t,为上海解放前的最大额定载重量的电梯。

2. 独立自主、艰苦研制、生产和使用阶段(1950—1979年)

中华人民共和国成立后,上海、天津、沈阳等地相继建立起了电梯制造厂。1952年,在上海的交通大学设置起重运输机械制造专业,还专门开设了电梯课程。1954年,交通大学起重运输机械制造专业开始招收研究生,电梯技术是研究方向之一。

1951年冬,中央提出要在北京天安门安装一台中国自己制造的电梯,任务交给了天津(私营)从庆升电机厂。1952年初,第一台由中国工程技术人员自己设计制造的电梯诞生了,其额定载重量为1000 kg,速度为0.70 m/s,交流单速、手动控制。1974年,机械行业标准JB 816—1974《电梯技术条件》发布,这是我国早期的关于电梯行业的技术标准。从此,我国电梯工业快速发展,该阶段共独立自主制造交流客梯、货梯,直流快速、高速电梯等约1万台。

3. 建立三资企业,行业快速发展阶段(1980年至今)

随着我国改革开放的不断深入,开始吸取和引进国外先进的电梯技术、制造工艺和设备以及先进的科学管理观念,组建中外合资企业,使我国电梯行业取得巨大发展。

1980年7月4日,中国建筑机械总公司、瑞士迅达股份有限公司、香港怡和迅达(远东)股份有限公司三方合资组建中国迅达电梯有限公司(中国迅达),这是我国改革开放以来机械行业第一家合资企业。该合资企业包括上海电梯厂和北京电梯厂。1982年4月,由天津市电梯厂、天津直流电机厂、天津蜗轮减速机厂组建成立天津市电梯公司。1984年12月1日,天津市电梯公司、中国国际信托投资公司与美国奥的斯电梯公司合资组建的天津奥的斯电梯有限公司正式成立。此后,电梯行业掀起了引进外资的热潮,全球主要的电梯知名企业都在我国建立了合资或独资企业,这些外资品牌的进入为行业带来了国际化的技术标准、管理理念和经营模式等,使得我国电梯快速步入了国际化行列。

随着我国经济的持续发展,基础设施建设投入加大等因素,我国电梯制造业呈现快速发展的态势,2004年电梯产量超过了10万台,2010年超过了36万台,2011年全国电梯产量45.7万台,2012年电梯年产量首次突破50万台。2020年我国年产电梯105万台,保有量突破800万台。目前,我国已成为世界上电梯生产、销售和使用的第一大国,电梯产量占世界市场的一半。

1.2 电扶梯设备的发展趋势

自 1889 年第一台电梯诞生至今,电梯种类越来越多,电扶梯的技术渐渐向网络化、高端化、智能化、节能化发展。

1.2.1 电梯技术发展趋势

1. 智能化技术

计算机技术、通信技术与控制技术的发展为高楼大厦的智能化提供了条件。电梯与智能大厦中的其他自动化系统形成联网,如与楼宇控制系统、消防系统、保安监控系统等,这样智能电梯就能更好地为居民与用户提供更高效、更优质、更安全舒适的服务。

电梯的智能化主要体现在其系统架构、系统控制与系统信息共享方面。所谓智能电梯,是指利用身份识别技术(如指纹电路、IC 卡、密码、视网膜等)使轿厢内管制人员出入特定楼层,并且具有时间、空间分区管制的智能化控制系统,实现与整个建筑自动化管理系统相连接,依托系统的整合进一步实现电梯的安全与智能化管理。

智能技术的高级应用还体现在电梯群控系统。随着大型、高层化建筑的兴起,大厦内部配置多台电梯已是常态,这样多台电梯局部运行效率与电梯群的整体运行效率之间就涉及一个多目标优化问题。因此,合理的电梯分配与调度在电梯群控系统中必须考虑全局运行效率优化的科学问题,兼顾系统服务质量和能耗。

2. 远程监控技术

电梯故障中,困人故障一直是电梯使用与运行的一大安全隐患。在 20 世纪 80 年代,便有在轿厢中安装摄像和通信设备构建电梯监视系统,方便被困人员与外界联系。但是这种方式的局限性在于电梯与大楼的点对点通信。事实上,在解除困人故障,尤其是重大困人故障中,与专业人士取得联系也是必不可少的。远程监控技术弥补了传统摄像头监控的不足。电梯远程监控技术是指某个空间或区域中安装多部电梯后,对这些电梯实现集中式远程监控,并通过后台系统对电梯的使用、运行与维护数据资料进行统一管理、更新、统计与分析、故障诊断及救援。

当前,国外一些大型电梯公司对自己的电梯系统,都配套了相应的电梯远程监控系统,如美国 TLM 奥的斯电梯的远程监控系统;德国蒂森克虏伯电梯公司的 TE-E(TELE-SERVICE)型系统;日本日立公司的 HERIOS&MAS 系统等。国内也有许多公司重视电梯远程监控系统,如前景光电技术有限公司 Prospect 电梯远程监控系统等。远程监控技术不仅服务于电梯乘客,同时也为维修中心提供便利。通过远程监控与实时数据采集,维修中心可以实时监控电梯的运行,收集电梯运行状态和故障数据,从而减少维修的成本和时间。

3. 蓝牙技术

通过蓝牙技术实现短距离无线通信，取代纵横交错、繁杂凌乱的电路，实现无线成网。电梯安装过程中放线、对线耗时且费力，蓝牙技术的应用可以使得电梯安装周期缩短30%以上，不仅降低安装成本，而且改善了电梯运行中的负载平衡、信号干扰问题等，故障率大大降低，提高了电梯的可靠性和控制精度，使得平层更加精确，电梯更加舒适，改造更加容易。

4. 绿色电梯

绿色电梯是未来电梯发展的总趋势，著名的电梯专家彼得斯（Peters）将电梯全生命周期内对环境的影响要素分为不可再生能源的消耗、产生废弃物和为产生电力而排放的 CO_2，以及电梯运行的噪声污染等。绿色电梯的内涵主要体现在"节能"和"环保"两方面。

（1）环保。电梯的环保意味着对电梯进行设计的持续改进，不断研发具有环保、无噪、无电磁干扰等特点的产品，还应考虑无环境污染的轿厢装潢材料。例如西子奥的斯绿色环保GeN2电梯。

（2）节能。节能也是绿色产品的一个重要发展方向，降低电梯能耗是一项重大工程，需要从系统论、方法论与控制论的视角来研究与解决。目前研究的电梯节能技术包括以下几点。

①驱动系统的效率提升。电梯的电动机驱动耗能占总耗电能70%以上，研究不同的驱动方案并从中选择高效的电机驱动，具有很好的节能效果。目前，驱动系统的效率提升途径主要有两种：一是选择高效率电机；二是采用变频调速器。

②能量反馈。节能向"生能"的研究转变不仅是对节能深层次的认识，更是一项极具挑战的研究。在电梯运行过程中，空载（轻载）上行或者满载下行时电动机由消耗电能转为发电状态，将再生的电能反馈给电网可以大大降低电机能量消耗。此外，风能、太阳能向电能的转换也不失为电梯外部能源补充的既可行又经济的方案。

③电梯构造的改进。电梯的设计与制造成本也极大地制约着电梯的发展。研发低廉、高性能的电梯材料以及电梯设计的轻量化研究也将是电梯研发的一个重要趋势。

5. 超高速电梯技术

目前建筑业已经能建成1000 m以上甚至更高建筑，而担负垂直运输任务的超高速电梯技术成为了发展瓶颈。超高速电梯涉及超大容量电动机、曳引悬挂系统、高精度导轨、高性能微处理、减震降噪、智能减震滚轮导靴、轿厢气压缓解等技术研究，将成为超高速电梯发展的关键技术。此外，对于高层及超高层建筑，传统的曳引钢丝绳面临自身重量和抗拉强度的问题。复合钢带和裹塑钢丝绳的使用能够减小曳引轮和导向轮的直径，从而使曳引轮的体积减小，使电梯整体布置更加紧凑，节省空间。非金属悬挂绳（带）和非金属曳引轮的应用，大大提高绳和轮之间的摩擦系数，使曳引轮的直径减小，降低电梯曳引机转矩要求，可以减小曳引机的体积，进而降低曳引机制造的材料消耗。另外，非金属材料具有良好的吸震性能，能够有效降低曳引机运行震动向轿厢的传递,以及曳引绳和曳引轮运行时的噪声。在保证安全的前提下,悬挂曳引媒介新材料的研发和应用,将进一步使曳引轮使用寿命提高,并降低系统成本。

随着层门与召唤盒耐火技术、井道监测及传感器技术等不断进步,超高层建筑火灾快速救生电梯系统将逐渐成熟,当发生火灾时,使用专用救生电梯进行人员疏散将成为可能。

符合时代发展与需求的电梯不仅需要新型计算机控制技术与通信技术,还需要新型的设计方法与材料。唯有电梯的设计与制造方、电梯使用方以及电梯运行相关监管机构共同努力探索,才能使我国的电梯技术飞跃发展。

1.2.2　自动扶梯技术发展趋势

自动扶梯经过100多年的研究发展,已经成为一种比较成熟的产品。但目前世界上的大型电梯公司,如美国奥的斯电梯公司、日本日立集团、瑞士迅达集团、日本三菱公司等依然投入大量的人力、物力对自动扶梯和自动人行道进行研究开发。其研究重点主要集中于节能、环保和安全。

1. 节能

(1)自动调节电压法。该方法的原理是根据电动机的负载大小,利用新型节能器自动及时地调节电动机的工作电压,使之能耗最小。新型的节能器是按照电量的有效值检测电动机的功率因数,而且是应用瞬时检测技术,在电动机全部运行时间内对其各相的电压和电流的大小和相位进行检测,据此来调节电动机的端电压,使电动机在不同负载情况下运行

动画:自动扶梯节能运行

到最佳状态,功率因数和效率都得到提高,能耗最小。节能的多少因负载的大小而不同,节能约为20%～50%。

(2)"自动重新启动"运行模式。该运行模式即自动扶梯在无乘客时自动停止运行,当有乘客时又自动重新启动的一种运行模式。该运行模式已被标准所认可,其节能相当可观,不过这取决于停梯时间的长短。此外,该运行模式也使自动扶梯的磨损大大减少,从而延长了自动扶梯零部件的寿命。

(3)星-三角切换法。该方法的基本原理是当扶梯启动时,电动机按星接法启动,不再通过时间原则切换成三角接法运行,而且是在乘客数量增加到设定的数量之后,电动机才切换成三角接法运行。当乘客数量减少到设定的数量后,电动机又切换成星接法运行,如此反复。经过测试,星接法比三角接法节能显著,节能可达20%。

(4)变频驱动。该方法的关键在于使用高性能的变频器,如"交-直-交"PWM型变频器。由于变频器的采用,可以在无人时实现极低频率极低电压对电动机供电,使自动扶梯以极低的速度运行。由于变频驱动可以使扶梯在轻载的工况下实现降压节能运行,其节能效果可以与"自动重新启动"运

动画:自动扶梯节能运行

行模式相媲美,甚至更节能。

以上几种方法不仅能降低能量损耗,同时还能减少机械部件的磨损。

2．环保

(1)无润滑型自动扶梯。该自动扶梯的关键是梯级链采用了齿条与过渡型齿条的传动方式,而过渡型齿条又与电动机采用了齿轮与齿条的传动方式。在整个扶梯的运行过程中无须润滑油的参与。这种自动扶梯摒弃了传统扶梯采用的链条传动模式,从而避免了润滑油的污染。

(2)无重金属污染。目前很多公司自动扶梯照明系统多采用的是日光灯管,但是该方法存在着日光灯管破裂后水银污染环境的危害。因此,部分公司已经开始使用 LED 照明系统替代传统日光灯管的照明系统,降低了扶梯对环境的危害。

3．安全

强调安全性的自动扶梯以移动式裙板扶梯为代表。该自动扶梯的原理是将梯级踏板和围裙板组成协调运行的单一模块。该自动扶梯的梯级与裙板之间无任何间隙,从而避免该区域发生手指轧入的危险,而这一区域正是传统自动扶梯的主要危险所在。除此以外,采用印刷电路板 PCB 为主控板的控制系统全面取代继电器、PLC 为元器件的老旧控制系统,使引入复杂的安全监控系统成为可能。目前很多的安全监控和辅助部件已被大量应用在自动扶梯产品上,此外还可以将自动扶梯的速度、方向、扶手带的速度、链条的工作状态等纳入安全监控之中,这使自动扶梯的安全性能得到更大的提升。

1.3 电扶梯设备相关技术标准

电扶梯属于特种设备,特种设备安全监察机构会依法对电梯维修保养的安全实行监督管理,即每年实行年检,并发年检合格证,张贴有效年检合格证的电扶梯方可投入使用。

特种设备是指对人身和财产安全有较大危险性的锅炉、压力容器(含气瓶)、压力管道、电梯、起重机械、客运索道、大型游乐设施、场(厂)内专用机动车辆,以及法律、行政法规规定适用特种设备安全法的其他特种设备。国家对特种设备实行目录管理。特种设备目录由国务院负责特种设备安全监督管理的部门制定,报国务院批准后执行。电扶梯设备属于国家规定的特种设备,其安全性直接关系到人民群众的生命财产安全。因此必须在立法的基础上,规范电梯行业从设计、制造、安装、维修、检验检测、改造以及日常使用管理的一系列行为。

1．电扶梯相关法律

电扶梯相关法律法规有《中华人民共和国特种设备安全法》和《特种设备安全监察条例》。

2. 电扶梯技术规程、标准

电扶梯技术规程、标准包括《电梯监督检验规程》、《特种设备注册登记与使用管理规则》、《特种设备质量监督与安全监察规定》、《自动扶梯和自动人行道的制造与安装安全规范》(GB 16899—2011)、《电梯制造与安装安全规范》(GB/T 7588—2020)、《电梯安装验收规范》(GB/T 10060—2011)、《电梯技术条件》(GB/T 10058—2009)、《电梯主参数及轿厢、井道、机房的型式与尺寸 第1部分：Ⅰ、Ⅱ、Ⅲ、Ⅵ类电梯》(GB/T 7025.1—2008)、《电梯试验方法》(GB/T 10059—2009)、《城市轨道交通工程项目建设标准》(建标 104—2008)、《城市轨道交通技术规范》(GB 50490—2009)、《地铁设计规范》(GB 50157—2013)、《低压配电设计规范》(GB 50054—2011)、《电力工程电缆设计标准》(GB 50217—2018)、《电梯监督检验和定期检验规则——曳引与强制驱动电梯》(TSG T 7001—2009) 和《电梯监督检验和定期检验规则——自动扶梯与自动人行道》(TSG T 7005—2012) 等。

3. 车站电梯相关规定

(1) 车站应选用无机房电梯，当无法满足无机房电梯布置要求时，宜选用液压电梯。

(2) 电梯应接受车站环境设备监控系统(Building Automation System, BAS)的监控。

(3) 当采用无机房电梯且井道顶部暴露于室外时，该部分井道不宜采用透明形式。

4. 车站自动扶梯相关的规定

(1) 地铁车站应采用公共交通型自动扶梯。

(2) 事故疏散用自动扶梯，应按一级负荷供电。

(3) 自动扶梯连续运行时间，每天不应少于 20 h，每周不应少于 140 h，每 3 h 应能以 100% 制动载荷连续运行 1 h。

5. 对自动扶梯的站厅层公共区布置要求

(1) 车站内自动扶梯位于付费区，乘客通过自动扶梯在站厅与站台之间乘降。

(2) 自动扶梯选用重荷载公共交通型，倾角 30°，站内选择室内型。

(3) 当提升高度大于 6 m 时设上行扶梯，大于 10 m 时设上、下行扶梯。为提高服务标准，国内目前新建地铁车站多数均设有下行扶梯。

(4) 自动扶梯在车站内以上、下工作点作为距离定位。工作点前方 8 m 范围内不得有障碍物，当与楼梯对布时，间距要求大于 12 m。

(5) 出入口自动扶梯位于车站出入口内。除承担车站乘客站厅到地面的乘降外，还兼顾市政过街功能。当提升高度大于 6 m 时设上行扶梯，大于 10 m 时设上、下行扶梯。当提升高度超过 15 m 时，建议加设备用扶梯。

6.车站自动扶梯设计的主要原则

(1)车站站台设置的自动扶梯数量和人行楼梯宽度的通过能力,应根据该站远期超高峰小时客流量确定,并具有乘客紧急疏散能力。

(2)在紧急情况下,上行扶梯能继续上行参与疏散。

(3)扶梯布置应避开结构变形缝。

(4)采用公共交通重载型。

思政拓展1：新冠疫情下的"无接触"声控电梯

无接触式"声控电梯"，简单理解是通过声音遥控指挥电梯上下楼层。这不仅可以减少接触，降低病毒传染风险，也可以减少频按按钮带来的设备损伤。

2020年2月25日，湖北宜昌市第二人民医院扩建工程拟使用无接触式声控电梯的消息引发关注。"声控电梯"由曾荣获"上海工匠"称号的电梯工程师潘阿锁带领的研发团队基于声控识别套件以及现有电梯成品开发，历时半个月最终完成开发。2月26日，电梯设计者潘阿锁告诉记者，设备旨在尽量减少接触，医护人员在搭乘声控电梯时只需报出楼层，就能自动抵达目的地，避免交叉感染，让一线医护人员最大限度地解放自己的双手。乘坐电梯的人无须说唤醒词，直接发出指令就可启动电梯。除了宜昌的这套声控电梯外，还有两套在北京市小汤山医院投入使用。

思政拓展2：探秘冬奥会莱茵电梯跳台滑雪、交通保障项目的高光时刻

国内首例变角斜行电梯——国家跳台滑雪中心"雪如意"

国家跳台滑雪中心作为2022年冬奥会张家口赛区工程量最大、技术难度最高的竞赛场馆之一，其设计概念来自中国传统饰物"如意"，因此又名"雪如意"。国家跳台滑雪中心因其独特的建筑造型，成为2022年冬奥会场馆中最吸引眼球的一个。国家跳台滑雪中心是中国首个跳台滑雪场地，由位于山顶的顶峰俱乐部（出发区），位于山下的看台区及两条赛道组成。其中两条赛道一条落差136.2 m（大跳台赛道），一条落差114.7 m（标准跳台赛道）。

在冬奥会比赛期间，莱茵斜行电梯将服务于滑雪运动员的场内交通，帮助他们在"雪如意"底层与顶层之间上下通行。此项目斜行电梯为变角度斜行电梯，坐落于"雪如意"旁边，运行角度随山势而变，中间有一段圆弧形轨道。同时，这也是世界上运行长度最大的大载重变角度斜行电梯项目，运行总长260 m左右，载重达2 000 kg，运行速度达2.5 m/s。

张家口位于河北省西北部，冬季最低温度可达零下30 ℃。由于设备常年暴露在室外环境，对轿厢、导轨等部件的防水、防尘、防腐要求也很高。为了解决部件的低温工作问题，要求成熟的材料工艺和工程经验。此项目斜梯的耐低温运行是一项无惧冰雪挑战的精彩呈现。

国内第一个应用斜行电梯的高铁站——冬奥会配套设施京张高铁八达岭长城站

在八达岭长城景区山体下方102 m处，落成了一座目前国内埋深最大的高铁地下车站——京张高铁八达岭长城站，它也是2022年北京冬奥会的重要交通设施之一。

作为一座建造在长城景区内的车站，八达岭长城站采用了"尊重自然、形隐于山"的设计理念，将车站与山体融为一体。车站内部采用了诸多创新设计，四通八达。车站采用斜行电梯解决乘客的站内交通问题，这是我国第一个将斜行电梯应用于高铁站的大型项目。

八达岭长城站创下了4个"全国之最"：国内埋深最大的高铁地下车站，国内最复杂的暗挖

洞群车站,国内单拱跨度最大的暗挖铁路隧道和国内旅客提升高度最大的高铁地下车站。

课后练习题

1. 根据国家标准,简述电梯的定义。
2. 电梯的节能优化方法有哪些?
3. 自动扶梯的节能优化方法有哪些?
4. 电梯有哪些发展的核心技术?
5. 自动扶梯有哪些发展的核心技术?
6. 列举3个电梯的常用技术规范。

项目二　城市轨道交通电梯设备

情景导入

电梯的种类繁多,结构各异,我们的日常生活与电梯密不可分。使用电梯时可能会考虑:进出电梯门会被夹吗?乘坐电梯过程中钢丝绳断裂了轿厢会坠落吗?当我们身处轿厢这个密闭空间时,会不会有窒息的风险?电梯是如何实现保护作用的呢?

本项目介绍了曳引电梯的驱动原理,以及曳引系统、轿厢系统、门系统、导向系统、重量平衡系统、电力拖动系统、电气控制系统及安全保护系统的结构组成和作用。

任务引领

(1)掌握电梯的结构组成、性能指标及主要参数。

(2)熟悉电梯的常用分类方法。

(3)掌握电梯八大系统的结构组成及工作原理。

(4)熟悉城轨电梯设备与其他专业的接口。

(5)培养爱国情怀,树立正确的价值观。

项目实施

2.1　电梯基础知识

电梯是机、电、光、磁技术高度一体化的产品,机械部分相当于人的躯体,电气部分相当于人的神经,光、磁部件类似于人的感知系统,控制部分相当于人的大脑,各部分组成一个有机的统一体,使电梯安全、可靠、舒适、高效地运行。

微课:电梯基础知识

2.1.1　电梯的分类

根据用途、操纵方式及拖动方式等的不同,通常从以下角度对电梯进行分类。

1.按用途分类

(1)乘客电梯。乘客电梯是指为运送乘客而设计的电梯(图2.1)。适用于高层住宅、办公大楼等客流量大的场所,用于运送乘客,要求安全舒适及一定的轿内装饰。

图2.1 乘客电梯

(2)载货电梯。载货电梯是指专门为运送货物而设计的电梯,主要应用在多楼层的车间厂房、各类仓库等场合。要求结构牢固,安全性好,载重量大。

(3)客货两用电梯。客货两用电梯是指主要为运送乘客,但也可以运送货物的电梯,主要应用在商场、工矿企业等场合。其特点是运行控制要求较简单,轿厢装饰较普通(与乘客电梯相比较)。

(4)病床电梯。病床电梯是指专门为运送病床(包括病人)及相关医疗设备而设计的电梯,主要应用在医院、疗养院等场合。其特点是轿厢窄而深,前后贯通,运行平稳,噪声小,启动和制动舒适感好,一般有专职司机操作。

(5)住宅电梯。住宅电梯是指供住宅楼使用的电梯。主要运送乘客,也可运送家用物件或生活用品。

(6)杂物电梯。杂物电梯是指专门为运送杂物而设计的电梯,主要应用于图书馆、办公楼和饭店运送图书、文件及食品等场合。不允许人员进入轿厢,由厅外按钮控制(图2.2)。

图2.2 杂物电梯

(7)船用电梯。船用电梯是指固定安装在船舶上为乘客、船员或其他人员使用的电梯,它能在船舶的摇晃中正常工作,运行速度一般应小于等于 1 m/s。

(8)观光电梯。观光电梯是指供乘客游览观光建筑物周围外景的电梯,主要应用在商场、宾馆及旅游景点等场合。井道和轿厢壁至少有同一侧透明,乘客可观看到轿厢外的景物(图 2.3)。

图 2.3 观光电梯

(9)车用电梯。车用电梯是指为运送车辆而设计的电梯,如高层或多层车库、立体仓库等处都有使用。特点是轿厢面积大,要与所装运的车辆相匹配,其构造则应充分牢固,有的无轿顶,升降速度一般都比较低(小于 1 m/s)。

(10)特种电梯。用作专门用途的电梯,如斜行电梯、座椅电梯、冷库电梯、消防电梯、矿井电梯、建筑施工电梯(或升降机)、滑道货梯、运机电梯、门吊梯等。

2.按速度分类

电梯无严格的速度分类,习惯上按照下述方法分类:

(1)低速电梯的额定速度小于 1.0 m/s,通常用在 10 层以下的建筑物。

(2)快速电梯的额定速度为 1.0~2.0 m/s,通常用在 10 层以上的建筑物。

(3)高速电梯的额定速度大于 2.0 m/s,通常用在 16 层以上的建筑物。

(4)超高速电梯的额定速度超过 5.0 m/s,通常用在超过 100 m 的建筑物。

随着电梯技术的不断发展,电梯速度越来越快,各类电梯的速度限值也在相应地提高。

3.按操纵方式分类

(1)手柄开关操纵电梯。电梯司机在轿厢内控制操纵盘手柄开关,实现电梯的启动、上升、下降、平层、停止的运行状态。

(2)按钮控制电梯。这是一种简单的自动控制电梯,具有自动平层功能,常见有轿外按钮控制、轿内按钮控制两种控制方式。

(3)信号控制电梯。这是一种自动控制程度较高的有司机电梯,除具有自动平层、自动开门功能外,还具有轿厢命令登记、层站召唤登记、自动停层、顺向截停和自动换向等功能。

(4)集选控制电梯。这是一种在信号控制基础上发展起来的全自动控制的电梯,与信号控制的主要区别在于能实现无司机操纵。

(5)并联控制电梯。2~3台电梯的控制电路并联起来进行逻辑控制,共用层站外召唤按钮,电梯本身都具有集选功能。

(6)群控电梯。群控电梯是指用计算机控制和统一调度多台集中并列的电梯。群控有梯群的程序控制、梯群智能控制等形式。

4. 按拖动方式分类

(1)直流电梯。用直流电动机驱动的电梯,梯速一般在 2 m/s 以上,提升高度不大于 120 m。

(2)交流电梯。用交流电动机驱动的电梯,分如下几种:

①单速电梯:用单速交流电动机驱动,速度不大于 0.5 m/s,如用于杂物电梯。

②双速电梯:用双速(变极对数)交流电动机驱动,速度不大于 1 m/s,提升高度不大于 35 m。

③交流调速电梯:交流电动机配有调压调速装置,速度不大于 2 m/s,提升高度不大于 50 m。

④变压变频调速电梯:电动机配有变压变频调速装置时,一般为快速或高速电梯,速度大于 2 m/s,提升高度不大于 120 m。

(3)液压电梯。依靠液压传动升降,用于提升高度低于 30 m,速度低于 1.0 m/s 的电梯,特别适合于一些旧楼增设电梯的场合。

(4)齿轮齿条电梯。导轨加工成齿条,轿厢装上与齿条啮合的齿轮,由电动机带动齿轮旋转完成轿厢的升降运动。

(5)螺杆式电梯。由螺杆(矩形螺纹)与大螺母(带有推力轴承)组成,电动机经减速机(或传动带)带动大螺母旋转,使螺杆顶升轿厢上升或下降。

动画:液压电梯

(6)直线电动机驱动电梯。以直线电动机作为动力源,是目前具有最新驱动方式的电梯。

5. 按电梯有无司机分类

(1)有司机电梯。电梯的运行由专职司机操纵来完成。

(2)无司机电梯。乘客进入轿厢,按下操纵盘上所需要去的楼层按钮,电梯自动运行至指定的楼层。这类电梯一般具有集选功能。

(3)有/无司机电梯。这类电梯可变换控制回路,平时由乘客操纵,如遇客流量大或必要时由司机操纵。

6. 其他分类方式

（1）按机房位置分类。电梯可分为机房在井道顶部的电梯、机房在井道底部侧旁的电梯以及机房在井道内部的电梯。

（2）按轿厢尺寸分类。经常用小型、超大型等抽象词汇表示。此外，还有双层轿厢电梯。

2.1.2 电梯的结构组成

电梯的基本结构如图 2.4 所示。电梯从空间位置上可划分为四个部分：机房、井道、轿厢和层站四大空间。

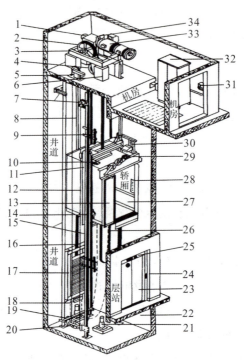

1—减速箱；2—曳引轮；3—曳引机底座；4—导向轮；5—限速器；6—机座；7—导轨支架；8—电引钢丝绳；9—开关碰铁；10—紧急终端开关；11—导靴；12—轿架；13—轿门；14—安全钳；15—导轨；16—绳头组合；17—对重；18—补偿链；19—补偿链导轮；20—张紧装置；21—缓冲器；22—急停开关；23—层门；24—呼梯盒；25—层楼指示灯；26—随行电缆；27—轿厢；28—轿内操纵箱；29—开门机；30—井道传感器；31—电源开关；32—控制柜；33—曳引电动机；34—制动器。

图 2.4 电梯的基本结构

机房用于安装曳引机、控制柜和限速器等，可以设置在井道顶部、底部及其他位置，要求必须有足够的面积、高度、承重能力及良好的通风条件。其组成包括总电源控制箱、控制柜、曳引机、导向轮和限速器。

井道为电梯轿厢和对重提供一个封闭、安全运行的空间。底坑深入地面，用于安装缓冲器、限速器、钢丝绳张紧装置等,要求防水,最好有排水设施。为了人员或货物出入轿厢,在每个层站开有出入口。井道组成包括底坑、围壁、井道顶以及安装在其内的导轨、导轨支架、对重、缓冲器、限速器张紧装置、补偿链、随行电缆和井道照明等。

轿厢安装于井道内,用以运送乘客或货物,具有与额定载重量和额定载客量相适应的空间。其组成包括轿厢架、轿厢底、轿厢壁、轿厢顶、轿内操纵箱、照明设施、通风装置、轿顶检修装置、轿顶接线盒及安全护栏等。

层站是各楼层中电梯停靠的地点。每一层楼一部电梯最多只有一个站,根据需要,在某些楼层可不设站。其组成包括层门(厅门)、呼梯盒(召唤盒)、门锁装置、开关门装置和层楼显示装置等。

随着永磁同步无齿轮曳引机的不断发展,其具有速度过渡平稳、控制性能好、噪声低、平层精度高等诸多优点,尤其是其体积小、重量轻。对于重载电梯,可以减小机房的尺寸,将机房的横截面减小到与井道横截面相同,形成小机房电梯,如图2.5所示。而对非重载电梯,可以直接将曳引机安装在井道内,不需要再设置单独的机房,形成无机房电梯,如图2.6所示,大大降低了建筑成本。

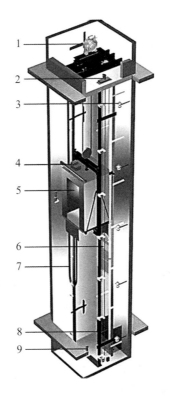

1—曳引机;2—限速器;3—井道照明;4—轿顶检修装置;5—轿厢;6—对重装置;
7—随行电缆;8—底坑防护栏;9—轿厢缓冲器。

图2.5 小机房电梯

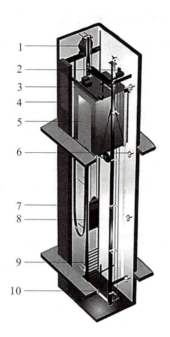

1—曳引机；2—限速器；3—轿顶检修装置；4—控制柜；5—轿厢；6—井道照明；
7—随行电缆；8—对重装置；9—底坑防护栏；10—轿厢缓冲器。

图 2.6 无机房电梯

如果从电梯各部分的功能区分，可分为曳引系统、导向系统、轿厢系统、门系统、重量平衡系统、电力拖动系统、电气控制系统和安全保护系统等八个系统，八个系统的主要部件与功能见表2.1。

表 2.1 电梯系统的功能和主要构件

系统	主要构件与装置	功能
曳引系统	曳引机、曳引钢丝绳、导向轮、反绳轮等	输出与传递动力，驱动电梯运行
导向系统	导轨、导轨支架、导靴	限制轿厢和对重的活动自由度，使轿厢和对重只能沿着导轨上下运动
轿厢系统	轿厢架、轿厢体	运送乘客和货物的组件，是电梯的承载工作部分
门系统	轿门、层门、门机、门锁等	乘客或货物的进出口，运行时层门、轿门必须封闭，到站时才能打开
重量平衡系统	对重、重量补偿装置	相对平衡轿厢重量以及补偿高层电梯中曳引绳的影响
电力拖动系统	电动机、供电系统、速度反馈装置、调速装置等	提供动力，对电梯进行速度控制
电气控制系统	控制柜、平层装置、操纵装置、楼层召唤显示盒、位置显示装置、选层器等	对电梯的运行进行操纵和控制
安全保护系统	限速器、安全钳、缓冲器、端站保护装置、超速保护装置、错断相保护装置、上下极限保护装置、门锁连锁装置	保证电梯安全使用，防止一切危及人身安全的事故

2.1.3 电梯的型号和参数

1. 电梯型号

JJ45—1986《电梯、液压梯产品型号的编制方法》中,对电梯型号的编制方法做了如下规定:电梯、液压梯产品的型号由类、组、型以及主参数和控制方式三部分组成,如图 2.7 所示。

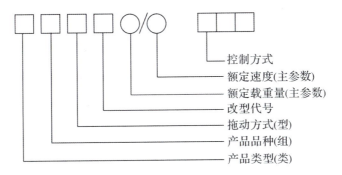

图 2.7 电梯产品型号代号顺序

第一部分第一个方格为产品类型代号,在电梯、液压梯产品中,取"梯"字拼音字母"T"。第一部分第二个方格为产品品种代号,即电梯的用途,如表 2.2 所示。第一部分第三个方格为产品拖动方式代号,交流用 J 表示,直流用 Z 表示,液压用 Y 表示。第一部分第四个方格为改型代号,以小写字母表示,没有改型时通常省略,也可冠以拖动类型调速方式,以示区分。

表 2.2 产品品种(组)代号

产品类别	采用代号
乘客电梯	K
载货电梯	H
客货电梯	L
病床电梯	B
住宅电梯	Z
杂物电梯	W
汽车电梯	Q
船用电梯	C
观光电梯	G

第二部分是主参数代号,其左上方为电梯的额定载重量(kg),右下方为额定速度(m/s),中间用斜线分开。

第三部分是控制方式代号,用具有代表意义的大写汉语拼音字母表示,见表2.3。

表2.3 控制方式代号

控制方式	采用代号
手柄开关控制手动门	SS
手柄开关控制自动门	SZ
按钮控制手动门	AS
按钮控制自动门	AZ
信号控制	XH
集选控制	JX
并联控制	BL
梯群控制	QK
微机控制	W

注:控制方式采用微机控制时,以汉语拼音字母 W 表示,排在其他代号后面,如采用微机的集选控制方式,代号为JXW。

例如 TKJ 1000/1.6—JX 表示:交流乘客电梯,额定载重量为 1000 kg,额定速度为1.6 m/s,集选控制。

2.电梯的主要参数和基本规格

(1)电梯的主要参数。

①额定载重量:额定载重量是指保证电梯安全、正常运行的允许载重量,是电梯设计所规定的轿厢载重量,单位为 kg。这是制造厂家设计制造电梯及用户选择电梯的主要依据,也是安全使用电梯的主要参数。对于乘客电梯,也常用乘客人数或限载人数来表示,其值等于额定载重量除以 75 kg 后取整。电梯的额定载重量主要有 400 kg、630 kg、800 kg、1000 kg、1250 kg、1600 kg、2000 kg、2500 kg 等。

②额定速度:额定速度是指在保证电梯安全、正常运行及舒适性的基础上允许轿厢运行的速度,是电梯设计所规定的轿厢运行速度,单位为 m/s,工程上也常用 m/min 表示。是设计制造和选用电梯的主要依据。常见额定速度有 0.63 m/s、1.06 m/s、1.60 m/s、1.75 m/s、2.50 m/s、4.00 m/s等。

(2)电梯的基本规格。

①电梯的类型:乘客电梯、载货电梯、病床电梯等,它确定了电梯的服务对象。

②电梯的主参数:包括额定载重量和额定速度。

③拖动方式:指电梯采用的动力驱动类型,可分为交流电力拖动、直流电力拖动和液压拖动等。

④操纵方式:指对电梯运行实行操纵的方式,可分为手柄控制、按钮控制、信号控制、集选控制、并联控制和梯群控制等。

⑤轿厢形式与轿厢尺寸:轿厢形式包括轿厢有无双面开门的特殊要求,以及轿厢顶、轿厢壁、轿厢底的特殊要求。轿厢尺寸包括内部尺寸和外廓尺寸,以宽×深×高表示。内部尺寸根据电梯的类型和额定载重量确定。外廓尺寸关系到井道设计。

⑥井道形式与尺寸:井道形式是指井道是封闭式还是空格式,井道尺寸以宽×深表示。

⑦厅门、轿门形式:指结构形式及开门方向,可分为中分式门、旁开(侧开)门、直分(上下开启)门和双折式门等。按材质和功能有普通门和消防门等。按控制方式有手动开关门和自动开关门等。

⑧层站数:指建筑物中的楼层数和电梯所停靠的层站数。电梯运行行程中的建筑层为层,各层楼用于出入轿厢的地点为站。如电梯实际行程 15 层,有 11 个出入轿厢的层门,则为 15 层/11 站。

⑨开门宽度:指电梯轿门和层门完全开启时的净宽度,一般以 mm 为单位。

⑩提升高度:从底层端站地坎上表面至顶层端站地坎上表面之间的垂直距离,一般以 mm 为单位。

⑪顶层高度:由顶层端站地坎上平面到井道天花板(不包括任何超过轿厢轮廓线的滑轮)之间的垂直距离。

⑫底坑深度:由底层端站地坎上平面至井道底面之间的垂直距离,一般以 mm 为单位。

⑬井道高度:由井道底面到井道天花板(不包括任何超过轿厢轮廓线的滑轮)之间的垂直距离,单位为 mm。

2.1.4 电梯的性能指标

电梯在运行过程中,必须满足安全、可靠、舒适、启动制动平稳、噪声低、故障率低、操作方便、平层准确等基本要求。这些基本要求是所有投入运行的电梯应达到的最基本的性能要求,不仅体现在电梯设计、制造过程中,同样也必须在电梯安装、维护、保养过程中得到保证。

电梯的安全性能要求包括安全性、可靠性、舒适性和平层精度等。

1. 电梯的安全性

安全运行是由电梯的使用要求所决定的,是在电梯制造、安装调试、日常管理维护及使用过程中必须绝对保证的重要指标。为保证安全,对于涉及电梯运行安全的重要部件和系统,在设计制造时应留有较大的安全系数,设置一系列安全保护装置,使电梯成为各类运输设备中安全性最好的设备之一。

2. 电梯的可靠性

可靠性是反映电梯技术的先进程度与电梯制造、安装、维护及使用情况密切相关的一项重要指标。反映了在电梯日常使用中因故障导致电梯停用或维修的发生概率,故障率高说明电梯的可靠性较差。一部电梯在运行中的可靠性如何,主要受该梯的设计制造质量和安装维护质量两方面影响,同时还与电梯的日常使用管理有极大关系。所以要提高可靠性必须从制造、安装、维护和日常使用几个方面着手。

3. 电梯的舒适性

舒适性是考核电梯使用性能最为敏感的一项指标,也是电梯多项性能指标的综合反映,多用来评价客梯轿厢。它与电梯运行及启动、制动阶段的运行速度和加速度、运行平稳性、噪声甚至轿厢装饰等都有密切关系。对于舒适性主要从以下几个方面来考核评价:

①当电源为额定频率和额定电压时,载有50%额定载重量的轿厢向下运行至行程中段(除去加速和减速段)时的速度,不得大于额定速度的105%,且不小于额定速度的92%。

②乘客电梯启动加速度和制动减速度最大值均不应大于 $1.5\ m/s^2$。

③当乘客电梯额定速度为 $1.0\sim2.0\ m/s$ 时,加、减速度不应小于 $0.50\ m/s^2$;当乘客电梯额定速度为 $2.0\sim6.0\ m/s$ 时,加、减速度不应小于 $0.70\ m/s^2$。

④乘客电梯的中分自动门和旁开自动门的开关门时间应满足 GB/T 10058—2009《电梯技术条件》的要求,具体见表2.4。

表2.4 乘客电梯的开关门时间   单位:s

开门方式	开门宽度 B/mm			
	$B\leqslant800$	$800<B\leqslant1000$	$1000<B\leqslant1100$	$1100<B\leqslant1300$
中分自动门	3.2	4.0	4.3	4.9
旁开自动门	3.7	4.3	4.9	5.9

注:1. 开门宽度超过1300 mm时,其开门时间由制造商与客户协商确定。

2. 开门时间是指从开门启动至达到开门宽度的时间。关门时间是指从关门启动至层门锁紧装置、轿门锁紧装置(如果有)以及层门、轿门关闭状态的电气安全装置的触点全部接通的时间。

⑤乘客电梯轿厢运行时,垂直方向和水平方向的振动加速度(用时域记录的振动曲线中的单峰值)分别不应大于 $0.25\ m/s^2$ 和 $0.15\ m/s^2$。

⑥电梯的各机构和电气设备在工作时不应有异常震动或撞击声响。乘客电梯的噪声值应符合表2.5规定。

表2.5 乘客电梯的噪声值

运行额定速度 $v/(m/s)$	机房内平均噪声值/dB(A)	运行中轿厢内最大噪声值/dB(A)	开关门过程最大噪声值/dB(A)
$v\leqslant2.5$	$\leqslant80$	$\leqslant55$	$\leqslant65$
$2.5<v\leqslant6$	$\leqslant85$	$\leqslant60$	

注:无机房电梯的"机房内平均噪声值"是指距离曳引机1 m处所测得的平均噪声值。

另外,由接触器、控制系统、大功率元器件及电动机等引起的高频电磁辐射不应影响附近的收音机、电视机等无线电设备的正常工作,同时电梯控制系统也不应受周围的电磁辐射干扰而发生误动作现象。

4. 电梯的平层精度

电梯的平层精度是指轿厢到站停靠后,轿厢地坎上平面与层门地坎上平面在垂直方向上的距离,该值的大小与电梯的运行速度、制动距离和制动力矩、拖动方式和轿厢载荷等有直接关系。目前我国规定不同速度的轿厢,应分别以轿厢空载和额载做上、下运行,停靠在同一层站进行测量,取其最大值作为平层精度,应满足GB/T 10058—2009《电梯技术条件》的要求,具体见表2.6。

表2.6 电梯轿厢平层精度

电梯类型	电梯额定速度/(m/s)	平层精度/mm
交流双速电梯	≤0.63	≤±15
	≤1.0	≤±30
交、直流快速电梯	1.0~2.0	≤±15
交、直流高速电梯	>2.0	≤±15

2.2 曳引系统

电梯曳引系统的作用是输出动力与传递动力。曳引系统主要由曳引机、曳引钢丝绳、导向轮和反绳轮组成,其结构如图2.8所示,其中曳引机是曳引系统的核心部分。

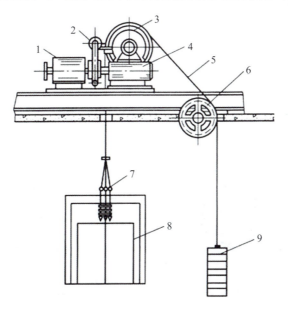

微课:曳引系统

1—曳引电动机;2—电磁制动器;3—曳引轮;4—减速箱;
5—曳引钢丝绳;6—导向轮;7—绳头组合;8—轿厢;9—对重。

图2.8 曳引系统结构示意图

2.2.1 曳引机

曳引机又称电梯主机,是电梯运行的动力源,它由曳引电动机、减速箱、曳引轮、电磁制动器和机座等部件组成。曳引机按电动机与曳引轮之间有无减速箱可分为无齿轮曳引机和有齿轮曳引机两种。

1. 无齿轮曳引机

无齿轮曳引机在电动机与曳引轮之间没有减速箱,电动机直接与曳引轮相连。由于没有减速器这一中间传动环节,所以传动效率高、噪声小、传动平稳;但造价较高,维修复杂。无齿轮曳引机过去一般都是以直流电动机作动力,现在由交流变频调速的永磁同步伺服电动机驱动的无齿轮曳引机已普遍用在 2.5 m/s 以上的高速和超高速电梯上。图 2.9 为无齿轮曳引机的外形及结构图,它由曳引电动机、电磁制动器、曳引轮和支座等组成。

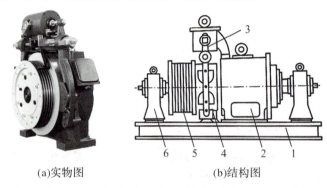

(a)实物图　　(b)结构图

1—底座;2—电动机;3—电磁制动器;4—制动器抱闸;5—曳引轮;6—支座。

图 2.9　无齿轮曳引机

2. 有齿轮曳引机

有齿轮曳引机带有减速箱,其拖动装置的动力通过中间减速箱传递到曳引轮上。减速箱具有降低电动机输出转速,提高输出转矩的作用。它以直流电动机或交流调速电动机作动力,有齿轮曳引机通常用于 1.75 m/s 以下的低速和快速电梯。图 2.10 为有齿轮曳引机的外形及结构图。

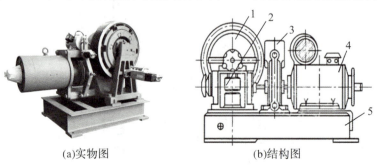

(a)实物图　　(b)结构图

1—曳引轮;2—减速器;3—制动器;4—电动机;5—支座。

图 2.10　有齿轮曳引机

有齿轮曳引机采用的减速器包括蜗轮蜗杆减速器、斜齿轮减速器、行星齿轮减速器等。蜗轮蜗杆减速器具有传动平稳、噪声低、抗冲击承载能力大、传动比大和体积小的优点,是电梯曳引机最常用的减速器。斜齿轮传动具有传动效率高、制动方便的优点,也存在着传动平稳性不如蜗轮传动、抗冲击承载能力不高、噪声较大的缺点。行星齿轮减速器具有结构紧凑、减速比大、传动平稳性和抗冲击承载能力优于斜齿轮传动,以及噪声小等优点,在交流拖动占主导地位的中高速电梯上有广阔的发展前景。

奥的斯推出的钢带电梯使用扁平钢带作为悬挂装置,对应使用钢带曳引机,其最小曳引轮直径可以降至100 mm以下,在无机房和小机房电梯中得到广泛应用。如图2.11所示为钢带曳引机。

图2.11 钢带曳引机

2.2.2 曳引电动机

1. 曳引电动机的要求

电梯是典型的位能性负载,运行过程复杂,在运行中每小时启、制动次数常超过100次,最高可以达到每小时180～240次,根据电梯的工作性质,曳引电动机应具备以下特点:

(1)电动机为短时重复工作制,频繁启、制动以及正、反转。

(2)能适应电源电压(在一定范围内)波动,启动转矩大且启动电流小。应能够满足轿厢在额定载荷时启动加速的动力力矩要求。启动应迅速,无迟滞感。启动转矩要求一般为额定转矩的2.5倍左右。

(3)有较"硬"的机械特性,在电梯运行时因负荷的变化造成运行速度的变化较小。

(4)应具有良好的调速性能,以保证乘梯舒适感和停梯平层精度。

(5)运转平稳、工作可靠、噪声小,不须精细维护和调整。

2. 曳引电动机的速度及功率计算

(1)曳引机的速度。采用有齿轮曳引机的电梯,其曳引电动机转速与曳引机的减速比、曳引轮节圆直径、曳引比、电梯运行速度之间的关系可以用下式表示:

$$n=\frac{60vik}{D}$$

式中，n ——曳引电动机转速，r/min；

v ——电梯运行速度，m/s；

D ——曳引轮节圆直径，m；

k ——曳引比；

i ——曳引机的减速比。

（2）曳引机的功率。

$$P=\frac{(1-K)Qv}{102\eta}$$

式中，P ——曳引电动机输出功率，kW；

K ——电梯平衡系数；

Q ——电梯轿厢额定载重量，kg；

v ——电梯额定运行速度，m/s；

η ——电梯的机械总效率。

3. 曳引电动机的类型

电梯使用的曳引电动机主要有直流电动机、交流电动机和永磁同步电动机。

直流驱动曳引电动机由直流电动机驱动，可以细分为发电机组供电式和晶闸管供电式，控制比较方便、运动速度比较平稳、传动效率高，但是结构复杂，需交、直流变换装置，主要用在 6 m/s 以上的超高速电梯上。

交流驱动曳引电动机分为异步电动机和同步电动机，其中异步电动机又有单速、双速、调速三种形式。异步单速电动机用于杂物电梯，异步双速电动机用于载货电梯，异步调速电动机一般用于乘客电梯和医用电梯。交流电动机驱动还可以按调速方法的不同分为变极式和调压调频式等多种形式。

采用永磁同步电动机的电梯曳引系统，曳引电动机转子和曳引轮是一体的，当曳引机制动失灵或其他故障引起电梯向上行方向溜车乃至飞车时，电动机工作处于发电制动状态，具有安全保护作用；在电梯失电时，永磁体和闭合的电枢绕组相互作用，产生停车自闭（类似于直流电动机的能耗制动）这种非接触双向保护，能够防止电梯坠落和飞车，大大地增加了电梯的安全性和可靠性。另外，同步电动机可以通过向电枢绕组供直流电来实现带负载零速停车，从而可以真正做到无须抱闸的机械制动，实现电气的零速停车。这样可防止由于抱闸失灵造成溜车的故障，进一步提高系统的可靠性。永磁同步电动机易做到低转速、大功率，而且不需要齿轮传动，结构紧凑，重量较普通曳引机减轻约 40%，便于安装使用，既适用于超高速电梯，也适用于无机房电梯，因此随着国家节能环保力度的加大，永磁同步曳引机成为目前电梯的重要发展方向。

2.2.3 曳引轮

曳引轮是曳引机上的绳轮,也称曳引绳轮或驱绳轮,绳的两端分别与轿厢、对重装置连接,利用曳引钢丝绳与曳引轮缘上绳槽的摩擦力传递动力,如图2.12所示。对于有齿轮的曳引机,曳引轮安装在减速器中的蜗轮轴上。对于无齿轮曳引机,曳引轮与电动机的输出轴相连。

曳引力是靠曳引绳与曳引轮绳槽之间的摩擦力产生的,曳引力大小与曳引轮绳槽的形状、曳引轮材料、曳引绳在曳引轮上的包角、曳引绳润滑、合理的对重重量等有关。

图 2.12 曳引轮

1. 曳引轮材料及工艺要求

由于曳引轮要承受轿厢、载重量、对重等装置的全部动静载荷,因此对于曳引轮的基本要求是强度大、韧性好、耐磨损、耐冲击,所以在材料上多用QT60-2球墨铸铁。为避免曳引钢丝绳与曳引轮绳槽磨损过快,我国规定曳引轮的硬度为HB 190~220,且在同一轮上的硬度差不大于HB 15。除了选择合适的绳槽槽型外,对绳槽的工作表面的粗糙度、硬度应有合理的要求。

2. 曳引轮直径和绳槽形状

对于曳引轮的直径,国标规定:曳引轮节圆直径大于等于40倍的曳引绳公称直径。曳引轮直径会影响曳引电动机的力矩要求,也会对曳引绳的安全系数要求产生很大的影响。

曳引轮绳槽形状直接关系到曳引力大小和曳引绳的寿命。电梯中常见的绳槽形状有半圆形槽、带切口半圆形槽和V形槽三种,如图2.13所示。

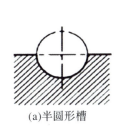
(a)半圆形槽

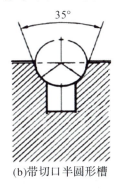
(b)带切口半圆形槽

(c)V形槽

图 2.13 绳槽形状

(1)半圆形槽(U形槽)。半圆形槽与曳引绳的接触面最大,曳引绳变形小,使曳引和绳槽的磨损小且均匀,有利于延长使用寿命。但这种槽与曳引绳的当量摩擦系数小,易打滑,必须增大包角才能提高其曳引力。所以一般多用于复绕结构中的曳引轮,更多用于导向轮、轿顶反绳轮和对重反绳轮。

(2)带切口半圆形槽。这种槽形由于在半圆形槽的底部切制了一个楔形槽,使曳引绳在沟槽处发生弹性形变,部分楔入沟槽中,使得当量摩擦系数大大增加,一般为半圆形槽的1.5~2.5倍,但小于V形槽。

增大槽形切口角(中心角)β,可提高当量摩擦系数,但比压也相应增大。β一般为90°~110°,最大不超过120°,国产曳引机切口角多为90°。在使用中,绳槽必然要磨损,当因磨损使槽形中心下移时,中心角β的大小基本不变,因此摩擦力(曳引力)也基本保持不变,有利于电梯安全正常运行。基于这一优点,使这种槽形在电梯上应用最为广泛。

(3) V形槽(楔形槽)。这种槽形与钢丝绳的接触面小且不均匀,槽形两侧对曳引绳产生很大的挤压,接触区域的单位压力(比压)大,曳引绳变形大,而使得曳引绳与绳槽之间具有较高的当量摩擦系数f,可以获得较大的摩擦力,且f随着槽的楔角的减小而增大,是三种槽形中最高的。但楔角太小时,容易使钢丝绳在绕入绕出曳引轮时产生卡绳现象,通常V形槽的楔角γ为35°。在这三种槽形中,V形槽的比压最大,使得曳引绳与绳槽的磨损都较快,且当槽形磨损变大、曳引绳中心下移时,槽形就接近带切口半圆槽,传递能力下降,使用范围受到限制,一般在杂物梯等轻载、低速电梯上才有使用。

2.2.4 制动器

为提高电梯的安全可靠性和平层精确度,电梯上必须设置制动器。有齿轮曳引机的制动器安装在电动机与减速器之间,即装在高速轴上,通过制动瓦制动轮抱合时产生的摩擦力来使电梯停止运动。由于高速轴上所需的制动力矩小,可以减小制动器的结构尺寸,制动器的制动轮就是电动机和减速器之间的联轴器圆盘。制动轮装在蜗杆侧,不能装在电动机一侧,以保证联轴器破裂时,电梯仍被掣停。无齿轮曳引机制动器安装在电动机与曳引轮之间。电磁制动器的基本结构主要由电磁铁、制动闸瓦和制动弹簧组成。

1. 制动器结构

①电磁铁:根据制动器产生电磁力的线圈工作电流分为交流电磁制动器和直流电磁制动器。由于直流电磁制动器制动平稳、体积小、工作可靠,电梯多采用直流电磁制动器。直流电磁制动器主要由制动线圈、电磁铁芯、制动臂、制动瓦、制动轮、抱闸弹簧等构成。这种制动器的全称是常闭式直流电磁制动器,如图2.14所示。

②制动臂:制动臂的作用是平稳地传递制动力和松闸力,一般用铸钢或锻钢制成,应具有足够的强度和刚度。

③制动闸瓦(制动瓦):制动瓦提供足够制动的摩擦力矩,是制动器的工作部分,由瓦块和制动带构成。瓦块由铸铁或钢板焊接而成;制动带常采用摩擦因数较大的石棉材料,用铆钉固定在瓦块上。为使制动瓦与制动轮保持最佳抱合,制动瓦与制动臂采用铰接,使制动瓦有一定的

活动范围。当制动瓦松开时,制动瓦与制动轮表面应有 0.5～0.7 mm 的合理间隙,可通过制动臂上的定位螺钉进行调整。

④制动弹簧:制动弹簧的作用是通过制动臂向制动瓦提供压力,使其在制动轮上产生制动力矩。通过调整弹簧的压缩量,可以调整制动器的制动力矩。

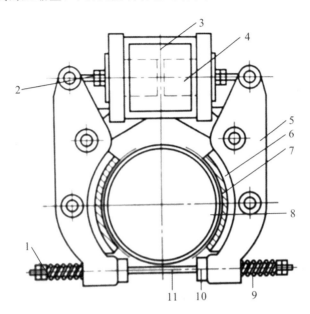

1—制动弹簧调节螺母;2—倒顺螺母;3—制动电磁铁线圈;4—电磁铁芯;5—制动臂;
6—制动瓦块;7—制动衬料;8—制动轮;9—制动弹簧;10—手动松闸凸轮;11—制动弹簧螺杆。

图 2.14 常闭式直流电磁制动器

2. 制动器的工作原理

当电梯的动力电源失电或者控制电路电源失电时,制动器应自动动作,制停电梯。电梯不工作时制动器抱闸制动,电梯运行时松闸。电梯制动时,依靠机械力的作用,使制动带与制动轮摩擦而产生制动力矩;电梯运行时依靠电磁力使制动器松闸。制动器的电磁铁在电路上与电动机并联,因此,电梯运行时,电磁铁吸合,使制动器松闸;当电梯停止时,电磁铁释放,制动瓦在弹簧作用下抱紧制动轮,实现机械抱闸制动。

制动器必须设置两组独立的制动机构,即两个铁芯、两组制动臂、两个制动弹簧,若一组制动机构失效时,另一组仍能有效地制停电梯。

3. 制动器性能要求

制动器是保证电梯安全运行的基本装置,对电梯制动器的基本要求有:能产生足够的制动力矩,且制动力矩大小应与曳引机转向无关;制动时对曳引电动机的轴和减速器的蜗杆轴不应产生附加载荷;当制动器松闸或制动时,除了保证速度快之外,还要求平稳,而且能满足频繁启、制动的工作要求;制动器应有足够的刚性和强度;制动带有较高的耐磨性和耐热性;结构简单、紧凑、易于调整;应有人工松闸装置;噪声小。

另外,制动器还应具备以下功能:

(1)当电梯动力电源失电或控制电路电源失电时,制动器能立即进行制动。

(2)当轿厢载有125%额定载重量并以额定速度运行时,制动器应能使曳引机停止运转。

(3)电梯正常运行时,制动器应在持续通电情况下保持松开状态;断开制动器的释放电路后,电梯应无附加延迟地被有效制动。

(4)切断制动器的电流,至少应用两个独立的电气装置来实现。电梯停止时,如果其中一个接触器的主触点未打开,最迟到下一次运行方向改变时,应防止电梯再运行。

(5)装有手动盘车手轮的电梯曳引机,应能用手动松开制动器并需要一持续力去保持其松开状态。

2.2.5 曳引绳及曳引形式

曳引钢丝绳也称曳引绳。电梯通过曳引绳连接轿厢和对重,并靠曳引机驱动使轿厢升降。曳引绳承载着轿厢、对重装置、额定载重量等重量的总和,除此以外,还要承受电梯启动、制动的冲击。在电梯运行过程中,曳引绳绕着曳引轮、导向轮或反绳轮频繁弯曲,并在绳槽中承受着较高的比压。因此,曳引绳应具有较高的强度、挠度及耐磨性。

1.曳引钢丝绳的结构

曳引钢丝绳一般为圆形股状结构,主要由钢丝、绳股和绳芯组成,如图2.15所示。钢丝是曳引钢丝绳的基本组成件,也是曳引钢丝绳的基本强度单元,有很高的强度和韧性(含挠性),分为特级、Ⅰ级和Ⅱ级。电梯多采用特级曳引钢丝绳。绳股和钢丝捻成直径相同的曳引钢丝绳,相同直径的曳引钢丝绳,股数多的抗疲劳强度就高。电梯用曳引钢丝绳一般是6股和8股,多采用8股绳。绳芯是被绳股所缠绕的挠性芯棒,分为纤维芯和钢芯。电梯用曳引钢丝绳多采用纤维绳芯,通常由纤维剑麻或聚烯烃类(聚丙烯或聚乙烯)的合成纤维制成,能起到支承和固定绳的作用,且能贮存润滑剂。图2.15(a)为曳引钢丝绳外形,图2.15(b)为曳引钢丝绳横截面图(放大)。

钢丝绳中的钢丝由含碳量为0.4%~1%的优质钢制成,脆性材料中的硫、磷等杂质的含量不应大于0.035%。

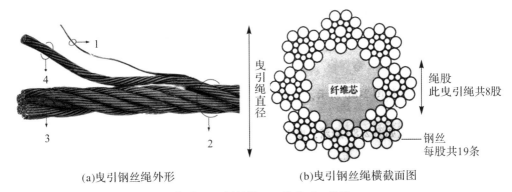

(a)曳引钢丝绳外形　　　　　(b)曳引钢丝绳横截面图

1—钢丝;2—钢丝绳;3—绳芯;4—绳股。

图 2.15　电梯用圆形股曳引钢丝绳

2. 曳引钢丝绳主要规格参数与性能指标

(1)主要规格参数。公称直径,指绳外围最大直径,规定不小于 8 mm。

(2)主要性能指标。破断拉力及公称抗拉强度。

①破断拉力:整条钢丝绳被拉断时的最大拉力,是钢丝绳中钢丝的组合抗拉能力,取决于钢丝绳的强度和绳中钢丝的填充率。

②破断拉力总和:钢丝在未被缠绕前抗拉强度的总和。但钢丝绳一经缠绕成绳后,由于弯曲变形,使其抗拉强度有所下降,因此两者间关系有一定比例。

$$破断拉力 = 破断拉力总和 \times 0.85$$

③钢丝绳公称抗拉强度:指单位钢丝绳截面积的抗拉能力。

$$钢丝绳公称抗拉强度 = 钢丝绳破断拉力总和 / 钢丝绳截面积总和$$

(3)安全系数。装有额定载荷的轿厢停靠在最低层站时,一根钢丝绳(或链条)的最小破断拉力与这根钢丝绳(或链条)所受的最大力之间的比值。电梯曳引钢丝绳的安全系数不小于下列值:用三根或者三根以上的钢丝绳为 12;用两根钢丝绳的曳引驱动电梯为 16;卷筒驱动电梯为 12。

钢丝绳的更换准则一般可以从以下四个方面来考虑:

①出现大量断裂的钢丝绳。

②磨损与钢丝绳的断裂同时产生和发展。

③表面和内部产生腐蚀,特别是内部腐蚀,可以用磁力探伤机检查。

④钢丝绳使用的时间已相当长。当然不能随使用频率一概而论,一般安全期最少要有一年,要正确地判定时间,还需从定期检查的记录中进行分析判断。

3. 曳引绳的润滑状态与曳引力的关系

曳引钢丝绳在绕入绕出曳引轮绳槽时,绳外表面与绳槽表面会产生直接的接触和摩擦;另外,曳引绳在曳引轮槽中不可避免地存在着相对滑移,如果此时发生摩擦滑移的表面不做润滑处理,则两者磨损的速度是惊人的。所以对绳槽和绳之间做适当的润滑处理是必要的。

根据研究分析得出,当曳引钢丝绳与绳槽间存在轻微润滑时,其当量摩擦系数 $f = 0.09 \sim$

0.1,当两者表面充分润滑时,$f=0.06$;当两者表面基本处于干燥状态时,$f=0.15$。显然后两者情况是不可取的,通常采用第一种轻微润滑状态。曳引钢丝绳与曳引轮绳槽之间的润滑,通常是依靠钢丝绳芯部所含的油在运行时被挤出,由内向外润滑钢丝绳各根钢丝,以达到防锈和轻度的内部润滑目的。旧钢丝绳由于使用已久,芯部含油太少,致使钢丝表面出现锈蚀时,可适当在表面添加轻质油,目的是补充钢丝绳芯部的含油量。加油后钢丝绳表面多余的润滑油应当抹干,以免因表面过度润滑使曳引力降低而导致轿厢打滑失控。

4.影响钢丝绳寿命的因素

(1)拉伸力。如果钢丝绳中的拉伸荷载变化为20%,则钢丝绳的寿命变化达30%~200%。

(2)弯曲度。弯曲应力与曳引轮的直径成反比。所以曳引轮、反绳轮的直径不能小于钢丝绳直径的40倍。限速器绳的公称直径应不小于6 mm,且限速器绳轮的节圆直径与绳的公称直径之比应不小于30。

(3)曳引轮槽形和材质。好的绳槽形状使钢丝绳在绳槽上有良好的接触,产生最小的外部和内部压力,能减少磨损延长使用寿命。

(4)腐蚀。要特别注意的是麻质填料解体或水和尘埃渗透到钢丝绳内部而引起的腐蚀对钢丝绳的寿命影响更大。

除此之外,电梯的安装质量、维护的好坏、钢丝绳的润滑情况,钢丝绳本身的性能指标、直径大小和捻绕形式等也都会影响钢丝绳的寿命。

5.曳引钢丝绳的绳头组合

曳引绳的两端要与轿厢、对重或机房的固定结构相连接。这种连接装置就是绳头连接装置,一般称为"绳头组合装置",结构如图2.16所示。

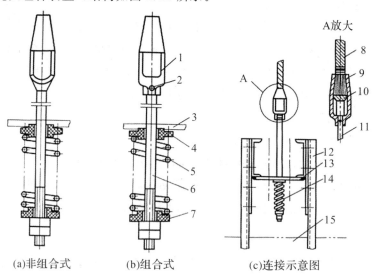

(a)非组合式　(b)组合式　(c)连接示意图

1—锥套;2—铆钉;3—绳头板;4—弹簧垫;5—弹簧;6—拉杆;7—弹簧垫;8—钢丝绳;9—锥套;
10—巴氏合金;11—拉杆;12—轿厢架;13—绳头板;14—弹簧;15—轿厢。

图2.16　绳端连接装置

绳头组合装置不仅用于连接曳引绳和轿厢等机构,还要缓冲运行工作中曳引绳的冲击载荷、均衡各根曳引绳的张力,并且能对曳引绳的张力进行调节。绳头组合的质量直接影响到组合后钢丝绳的实际强度。按照 GB/T 10058—2009《电梯技术条件》规定,绳头组合的拉伸强度应不低于钢丝绳拉伸强度的 80%。

电梯曳引钢丝绳常用的绳头组合方式有浇灌锥套法、自锁紧楔形绳套法和绳卡法。

(1) 浇灌锥套法。浇灌锥套经铸造或锻造成型,根据吊杆与锥套的连接方式,又可以分为铰接式、整体式、螺纹连接式。钢丝绳与锥套的连接是在电梯安装现场完成的。锥形套筒法的绳头制作方法:钢丝绳末端穿过锥形套筒后,将绳头钢丝解散、去麻芯,将绳端清洗干净,并把各股向绳向中心弯成圆锥状拉入锥套内;然后浇灌入低熔点合金(常用的是巴氏合金),待冷凝后即可。锥形套筒法可靠性高,对钢丝绳的强度几乎没有影响,因此曾被广泛应用在各类电梯上。但由于制作不够方便,操作不当很难达到预计强度,目前已较少采用此法。如图 2.17 所示为浇灌锥套。

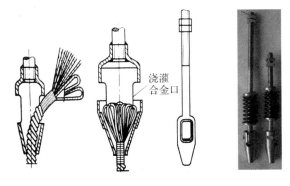

图 2.17　浇灌锥套

(2) 自锁紧楔形绳套法。自锁紧楔形绳套法的绳套由套筒和楔形块组成,钢丝绳绕过楔形块,套入套筒,依靠楔形块与套筒内孔斜面的配合,使钢丝绳在拉力作用下自动锁紧(图 2.18)。这种组合方式具有拆装方便的优点,不必用巴氏合金浇灌,安装绳头时更方便,工艺更简单并能获得 80% 以上的钢丝绳强度,但抵抗冲击载荷的能力相对较差。目前新制造的电梯中一般都采用这种方法。

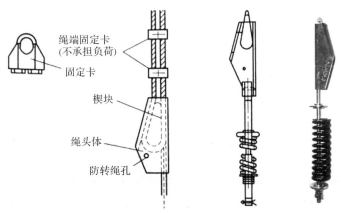

图 2.18　自锁紧楔形绳套

(3)绳卡法。使用钢丝绳通过绳夹紧固绳端是一种简单方便的方法,如图2.19所示。钢丝绳绕过鸡心形环套形成连接环,绳端部至少用三个绳夹压紧固定。由于绳夹夹绳时对钢丝绳产生很大的应力,所以这种连接方式连接强度较低,一般仅用在杂物电梯上。

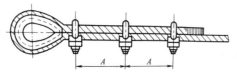
U形螺栓扣在钢绳的尾段上,绳夹紧固时,以短头绳压扁约1/3为宜。

图2.19 绳卡

钢丝绳端部连接装置的形式还有捻接、套管固定等方法,在电梯上常用这三种连接方法。钢丝绳张力调节一般采用螺纹调节。为减少各绳伸长差异对张力造成过大影响,一般在绳端连接处加装压缩弹簧或橡胶垫以均衡各绳张力,起缓冲减震作用,如图2.16(c)所示。曳引钢丝绳各绳的张力差应小于5%。

6.曳引绳的缠绕方式和曳引比

(1)曳引绳的缠绕方式。曳引绳在曳引轮上的缠绕方式可以分为单绕式(半绕式)与复绕式(全绕式),如图2.20所示。曳引轮包角是指曳引绳与曳引轮接触弧长所对圆心所形成的夹角,是决定电梯曳引能力的一个重要参数。曳引绳在曳引轮上的包角最大不超过180°,称为单绕式传动。若为了提高摩擦力,将曳引绳绕曳引轮和导向轮一周后再引向轿厢和对重,称为复绕式传动,其包角大于180°,一般用于高速无齿轮电梯。在其他参数都相同的情况下,包角越大,摩擦力就越大,即曳引力越大,电梯的安全性能和工作能力越好。增大包角是增加曳引能力的重要途径。

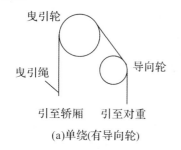
(a)单绕(有导向轮)

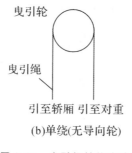
(b)单绕(无导向轮)

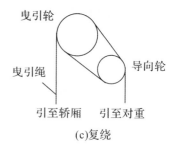
(c)复绕

图2.20 曳引绳缠绕方式

(2)曳引比。曳引比是指电梯运行时,曳引轮的线速度与轿厢运行速度之比。常用的曳引比有1∶1,2∶1,3∶1,以及更高的曳引比。较高的曳引比降低曳引轮两端的受力和曳引机力矩大小的要求,但在同样额定速度的情况下曳引轮的速度还会相应增加。如图2.21所示为曳引绳绕绳方式及曳引比。

①曳引比1∶1：这种形式是在轿顶和对重顶部均没有反绳轮，曳引绳两端分别固定在轿厢和对重顶部，直接驱动轿厢和对重，这种方式又称为直吊式，这种传动形式一般用于客梯。

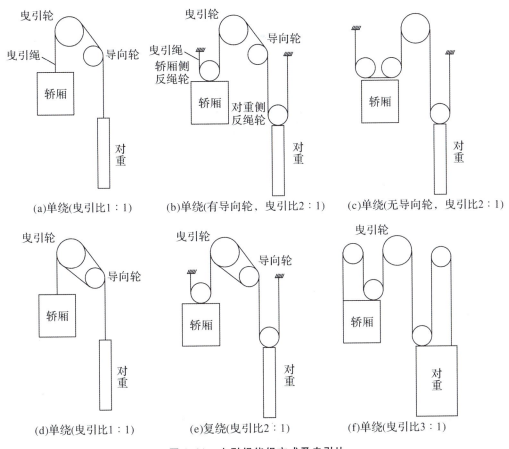

图2.21　曳引绳绕绳方式及曳引比

②曳引比2∶1：该种形式是在轿厢和对重顶部均设有反绳轮，降低了对曳引机的动力输出要求，但增加了曳引绳的长度和曲折次数，降低了曳引绳的使用寿命，一般适用于货梯。

③曳引比3∶1：该种形式不但在轿厢和对重顶部设有反绳轮，而且要在机房设置导向定滑轮，结构如图2.21(f)所示。这种传动形式的曳引绳长度和曲折次数更多。大的传动比适用于大吨位电梯，一般货梯的传动比比客梯大。

2.3　轿厢系统

轿厢是电梯中用于运载乘客或货物的电梯组件。不同用途的轿厢，其结构形式、结构尺寸及内部装饰等方面都存在不同，但基本结构相同，主要由轿厢架和轿厢体及相关构件组成。为了乘客的安全和舒适,轿厢的入口和内部的净高度不得小于 2 m,轿厢结构如图 2.22 所示。

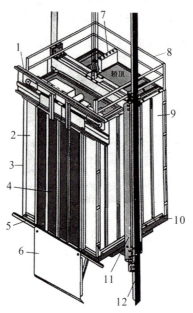

微课:轿厢系统及门系统

1—开关门机构;2—轿壁(前壁);3—装配卡夹;4—轿门(门扇);5—轿门地坎;6—护脚板;
7—轿顶电气中继控制箱;8—轿顶护栏;9—轿壁;10—轿底;11—轿厢架;12—导轨。

图 2.22 轿厢结构

2.3.1 轿厢

轿厢是电梯中装载乘客或货物的金属结构组件,它借助轿厢架立柱上下四组导靴沿着导轨做垂直升降运动,实现载客或载货功能。轿厢由轿壁、轿顶、轿底及轿厢架等机件组成。

(1)轿厢架。轿厢架一般由上、下、立梁(立柱)和拉条(拉杆)等组成。轿厢架是承重结构件,一方面要承受轿厢的重量,另一方面要保证电梯运行过程中,万一产生超速而导致安全钳夹住导轨制停轿厢,或轿厢下坠与底坑缓冲器相撞时,要承受产生的反作用力时不致损坏,因此要求轿厢架有足够的强度和牢固性。轿厢架的上梁、下梁在受载时发生的最大挠度应小于其跨度的 1/1 000。

轿厢架的材质选用槽钢或按要求压成的钢板,上、下、立梁之间一般采用螺栓紧固连接。在上、下梁的四角有供安装轿厢导靴和安全钳的平板,在上梁中部下方有供安装轿顶轮或绳头组合装置的安装板,在立梁上留有安装轿厢开关板的支架。拉条的作用是固定轿厢底,防止因轿厢偏心载荷而造成倾斜。

轿厢架的结构可分为对边形轿厢架和对角形轿厢架(图 2.23)。对边形轿厢架适用于具有一面或者对面设置轿门的电梯,受力情况较好,当轿厢有偏心载荷时,只在轿厢架支撑范围内发生拉力,或在立柱发生推力,大多数轿厢采用这种构造;对角形轿厢架常用在具有两相临边设置轿门的电梯上,受偏心载荷时各构件不仅受到偏心弯曲,其顶架还会受到扭转的影响,受力情况较差,特别是重型电梯,应尽量避免使用。

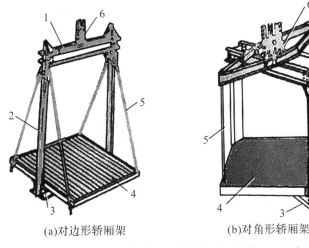

(a)对边形轿厢架　　　　(b)对角形轿厢架

1—上梁;2—立柱;3—底梁;4—轿厢底;5—拉条;6—绳头组合。

图 2.23　轿厢架

(2)轿厢体。轿厢体是形成轿厢的封闭围壁,轿厢只允许有以下开口:①使用者经常出入的入口;②轿厢安全门或者安全窗;③通风孔。

轿厢体一般由轿壁、轿顶、轿底等构成。

①轿壁:轿壁多采用厚度为 1.2~1.5 mm 的薄钢板制成,它与轿底、轿顶及轿门构成一个封闭的空间。一般采用多块钢材拼接焊接成型或采用螺栓连接成型。为了提高轿壁的机械强度和刚度,通常在轿厢板背面点焊用薄板压成"几"字形的加强筋。车站观光电梯轿壁采用厚度不小于 10 mm 的夹层玻璃制成。轿壁表面根据用户的不同可以有不同的选择,为了防止电梯运行时轿壁发生震动,阻隔通过井道壁产生的噪声,根据电梯速度的不同,可在轿壁背面粘贴或涂覆阻尼材料。

为了保证使用安全,轿厢壁必须具有足够的机械强度,根据规定:用 300 N 的力沿轿厢内部向外垂直作用于轿壁,均匀地施加在 5 cm² 的圆形或者方形面积上,轿壁应无永久变形,且弹性变形不大于 15 mm。

②轿顶:除观光电梯外,一般电梯轿顶的结构与轿壁相仿。轿顶装有照明灯、排风扇等,有的电梯装有安全窗以备应急使用,在发生事故或故障时,便于检修人员上轿顶检修井道内设备,必要时乘客可以通过安全窗撤离轿厢。轿顶上设置的安全窗,其尺寸应不小于 0.35 m×0.5 m。该安全窗应有手动锁紧装置,可向轿外打开,活板门打开后,电梯的电气联锁装置就断开,使轿厢无法开动,从而保证安全。同时轿顶还应设置排气扇以及检修开关、急停开关和电源插座,供检修人员在轿顶上工作时使用。轿顶靠近对重的一面应设置防护栏杆,其高度不应超过轿厢的高度。

由于安装、检修和营救的需要,轿顶有时需要站人,《电梯制造与安装安全规范》(GB/T

7588—2020)规定,在轿顶的任何位置上,应能支撑两个人的体重,每个人按 0.20 m×0.20 m 面积上作用 1 000 N 的力算,应无永久变形。此外,轿顶上应有一块不小于 0.12 m² 的站人用的净面积,其短边长度至少应为 0.25 m。当轿顶外侧边缘与井道壁之间的距离超过 300 mm 时,需要配置轿顶防护栏,防止轿顶人员跌落。

③轿底:轿底是轿厢支撑载荷的组件,它包括地板、框架等构件。客梯的底板由薄钢板制成,上面铺设一层塑料地板或地毯;货梯底板一般由 4~5 mm 的轧花钢板制成。在轿底的前沿设有轿厢地坎,在地坎下面还装有护脚板,它是垂直向下延伸的光滑安全挡板,以防人在层站将脚插入轿厢底部造成挤压,甚至坠入井道。

电梯轿底装有一套机械和电气的检测装置,可以及时地将检测到的电梯载荷情况转变为电信号,传送给电气控制系统。这样避免了电梯在超载的情况下运行,减少事故的发生。

2.3.2 超载装置

轿厢里的乘客人数(或货物)如果超过电梯的额定载重量,有可能因为超载造成电梯轿厢下滑或者电梯失控等不安全后果,严重时还会引发电梯超速降落事故。为防止电梯超载运行,多数电梯在轿厢上设置了超载装置。当轿厢超过额定载荷时,超载装置发出警告信号,使电梯门保持开门状态且停止运行。电梯的称重装置有多种形式,按其安装位置有轿底称重式、轿顶称重式及机房称重式等。

(1)轿底称重式。一般轿底是活动的,轿厢底称重式超载装置也称为活动轿厢式。这种形式的超载装置通常采用橡胶垫作为称重元件,将其均匀地固定在轿底框上,有 6~8 个。当轿厢超载时,轿厢底盘受到载重的压力向下运动使橡胶垫变形,触动轿厢底盘上的两个微动开关,切断控制元件。其中一个微动开关在电梯达到 80% 载重量时发生动作,电梯确认为满载运行,只响应轿厢内的呼叫,直到驶至呼叫站点;另一个微动开关在电梯达到 110% 载重量时发生动作,电梯确认为超载,电梯切断控制电路停止运行,保持开门状态并给出警示信号,直到减至 110% 载重量以下,控制电路重新接通,电梯关门启动。微动开关通过限位螺钉固定在轿底,调节限位螺钉的高度可以调节超载量的控制范围。这种结构的超载装置具有结构简单、动作灵敏等优点,橡胶块既是称量组件,又是减震组件,大大简化了轿底结构,调节和维护都比较容易。

(2)轿顶称重式。轿顶称重式超载装置分为机械式、橡胶块式和负重传感器式。

机械式轿顶称重式超载装置以压缩弹簧组作为称量组件,负载变化时,机械秤杆会上下摆动,当轿厢负重达到超载控制范围时,秤杆头部碰压微动开关触头,切断电梯控制电路。

橡胶块式轿顶称重式超载装置的四个橡胶块装在上梁下面,绳头装置支承在橡胶块上,轿厢负重时,橡胶块会产生形变,从而导致微动开关动作,达到超载控制的目的。橡胶块式称重装置结构简单,灵敏度高,但橡胶易老化变形,当出现较大称量误差时,需要换橡胶块。图 2.24 为橡胶块式活动轿厢超载装置。

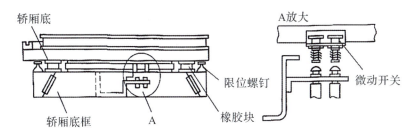

图 2.24　橡胶块式活动轿厢超载装置

机械式和橡胶块式装置,只能设定一个或两个称量限值,不能给出载荷变化的连续信号。为了适应其他的控制要求,特别是计算机应用于群控后,为了使电梯运行达到最佳的调度状态,需对每台电梯的客流量或承载情况做统计分析,然后选择合适的群控调度方式。因此可采用负重式传感器作为称量组件,它可以输出载荷变化的连续信号。

(3)机房称重式。当轿底和轿顶都不能安装超载装置时,可将其移至机房。此时电梯的曳引绳绕法应采用 2∶1(曳引比非 1∶1)。机房称重式既可通过绳头组合装置弹簧的压缩量来传递信号,也可通过重量传感器等传递信号。由于安装在机房中,它具有方便调节和维护的优点。

2.4　门系统

电梯门是乘客或货物的进出口,将乘客和货物与井道隔离,防止乘客和物品坠入井道或与井道相撞,避免发生乘客或货物未能完全进入轿厢而被运动的轿厢撞击等危险情况。门系统包括轿门(轿厢门)、层门(厅门)及其开关门装置和附属部件。层门设置在层站的出入口,根据需要每个楼层可以设置一个或者多个层门,对于不停靠的楼层则不设层门;轿门是轿厢的出入口,装在轿厢靠层门的一侧。

动画:门系统

轿门一般由装在轿厢顶的自动开门机构带动,层门本身没有动力,由轿门上的门刀带动开关,因此轿门通常是主动门,层门是被动门。为了防止电梯在关门时夹人,在轿门上常设有安全保护装置,当轿门关闭遇到阻碍时,会立即反向运动,将门打开,直至障碍消除再完成关门动作。

2.4.1　门的分类

电梯门按照开启方式可以分为滑动门和旋转门,目前普遍采用的是滑动门。滑动门按结构形式又可分为中分式、旁开式和直分式三种,且层门必须和轿门是同一类型的,其中中分式门和旁开式门最为常用。电梯门的开门布置结构可分为单开式和双开(贯通)式。双开式指可以从两侧进入轿厢。也可根据需要在不同的层站设置不同侧的层门。

(1)中分式门。中分式门由中间向两侧分开。开门时,左右门扇以相同的速度向两侧滑动;关门时,则以相同的速度向中间合拢,如图 2.25 所示。按照门扇多少,常见的中分式门有两扇中分式和四扇中分式。四扇中分式用于开门宽度较大的电梯,此时单侧两个门扇的运动方式与两扇旁开式门相同。中分式门主要用于客梯,具有开门速度快、出入方便、可靠性好等优点。

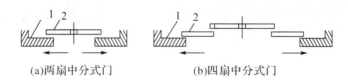

(a)两扇中分式门　　　　　(b)四扇中分式门

1—井道墙;2—门。

图 2.25　中分式门(平面图)

(2)旁开式门。旁开式门由一侧向另一侧推开或合拢,如图 2.26 所示。按照门扇的数量,常见的有单扇、双扇和三扇旁开门。当旁开式门为双扇时,两个门扇在开门和关门时各自的行程不相同,但运动的时间却必须相同,因此两扇门的速度有快慢之分。旁开式门具有开门宽度大、对井道宽度要求小的优点,多用于货梯和医用电梯。在开门宽度相同的情况下,旁开式门开关门的时间比中分式门长。

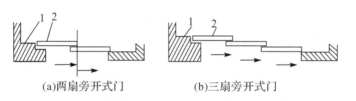

(a)两扇旁开式门　　　　　(b)三扇旁开式门

动画:旁开式自动门

1—井道墙;2—门。

图 2.26　旁开式门(平面图)

(3)直分式门。直分式门由下向上推开,又称闸式门。按门扇的数量,可分为单扇、双扇和三扇等,如图 2.27 所示。直分式门门扇不占用井道和轿厢的宽度,能使电梯具有最大的开门宽度,主要用于杂物梯和大吨位的货梯。

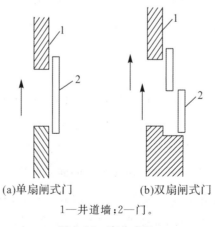

(a)单扇闸式门　　　　(b)双扇闸式门

1—井道墙;2—门。

图 2.27　直分式门

2.4.2 门的结构

电梯门一般由门扇、门导轨、门滑轮、门地坎、自动门机及开门机构、自动门锁及门刀、安全触板、应急开锁装置、强迫关门装置等部件组成。轿门由滑轮悬挂在轿门导轨上,下部通过门滑块与轿门地坎配合;层门由门滑轮悬挂在层门导轨架上,下部通过门滑块与层门地坎配合,如图2.28所示。

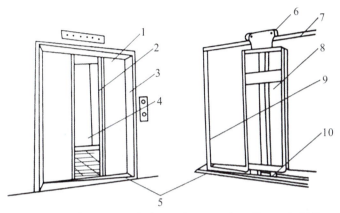

1—层门;2—轿厢门;3—门套;4—轿厢;5—门地坎;6—门滑轮;
7—层门导轨架;8—门扇;9—层门立柱;10—门滑块。

图 2.28 门的结构与组成

1.门扇

电梯的门扇分为封闭式、交栅式和非全高式。

封闭式门扇一般用1~1.5 mm厚的钢板,中间辅以加强筋。有时为了加强门扇的隔音效果和提高减震作用,在门扇的背面涂设一层阻尼材料,如油灰等。交栅式门扇具有通气透气的特点,但为了安全,空格不能过大,我国规定中间空格不得大于100 mm。出于安全性能考虑,这种门扇只能用于货梯轿厢门。非全高式门扇,其高度低于门口高,常见于汽车梯和货物不会有倒塌危险的专门用途货梯。非全高式门扇用于汽车梯时,高度一般不应低于1.4 m;用于专门用途的货梯时,高度一般不应低于1.8 m。

2.门导轨和门滑轮

轿门导轨安装在轿厢顶部前沿,层门导轨安装在层门框架上部,对门扇起导向作用。门滑轮安装在门扇上方的门挂板上。全封闭式门扇两个为一组,每个门扇一般装一组,交栅式门扇由于门的伸缩需要,在每个门档上部均装有一个滑轮。

3.门地坎和门滑块

门地坎和门滑块是门的辅助导向组件,与门导轨和门滑轮配合,使门的上、下两端均受导向和限位。门地坎设槽,门在运动时,滑块顺着地坎槽滑动。

层门地坎安装在层门口的井道支架上,轿门地坎安装在轿厢前沿。乘客电梯的门地坎一般用铝合金制作,载货电梯的门地坎一般用铸铁加工或钢板压制而成。门滑块固定在门扇的下端,被限制在地坎槽内,使门扇始终保持在铅垂状态,门滑块一般由钢板外面浇注上耐磨材料制成。在正常情况,滑块与地坎槽的侧面和底部均保持一定的间隙。

4. 门挂板

门挂板分为轿门门挂板和层门门挂板。轿门门挂板上有开门刀,层门门挂板上有自动门锁、强迫关门传动等。

5. 门机

门机是实现门的自动开关的部件。轿门系统如图2.29所示,为目前常用的一种自动门机系统,它使用永磁同步无门电机通过同步带驱动门的运动,是目前无机房电梯使用最为广泛的类型。门电机也可以使用三相异步电动机通过减速机构带动同步带轮。门机带动门的机械形式除了图示的同步带传动外,还有曲柄连杆机构等形式,这里不做具体介绍。

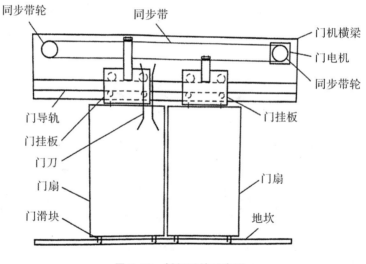

图2.29 轿门系统示意图

门机系统安装在轿门门扇上方,与轿厢架或轿顶固定连接。门电机是门机系统的驱动装置,门电机直接或通过减速机构驱动一个同步带轮,该主动同步带轮与另一侧从动同步带轮通过同步带构成一个循环的传动系统。此外,在门机系统的框架上装有门导轨,用来承载门扇的重量。

为了将轿门的开、关运动传递给层门,轿门上装有系合装置,最常见的系合装置为门刀。门机系统如图2.30所示。门刀由两片片状的刀片组成,两片刀片之间的距离(间隙)随着门的开关运动会发生变化(图2.31)。门刀安装在一个门扇(或门挂板)上,与层门装置上的对应的门锁相配合。在轿门关闭时,门刀的两片刀片与门锁之间有一定的间隙,因此,当轿厢通过不停站的层站时,轿门系统与层门系统之间不会发生干涉;当轿厢停在层站开/关门时,门刀刀片间隙变小,夹紧层门装置上的门锁将层门解锁,并带动层门一起运动,实现轿门、层门的一起打开和关闭。

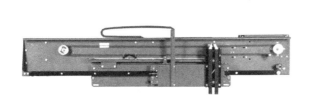

图 2.30　门机系统实物图　　　　　图 2.31　门刀

6.自动门锁装置

为防止发生坠落和剪切事故,层门由门锁锁住,使人在层站外不用开锁装置无法将层门打开。门锁是个十分重要的安全部件。自动开关门机构的自动门锁装置是为自动开关门机构设计制造的门锁,因此又称自动门锁。由于它只装在自动开关门电梯的层门上,又称层门锁或厅门锁,自动门锁装于层门扇背面的左或右上角,是确保层门不被随便打开的重要安全保护措施。层门关闭后,将层门锁紧,门电连锁电路接通,电梯方能启动运行。只有当电梯进入开锁区(层门踏板水平面±200 mm),并平层停靠时,才能通过稳装在轿门上的门刀将层门同步开启。在紧急情况下或维保人员需要进入井道或上轿顶维保电梯时,由经过培训的专业人员借助特制机械钥匙从层门外打开层门。

常见的自动门锁示意图如图 2.32(b)所示,结构如图 2.32(a)所示。按 GB/T 7588—2020《电梯制造与安装安全规范》的要求,层门门锁不能因重力自行将锁打开,即当门锁锁紧的弹簧(或永久磁铁)失效时,其重力也不应导致开锁。

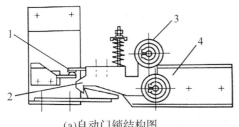

(a)自动门锁结构图　　　　　　　(b)自动门锁示意图

1—门电连锁触点;2—锁钩;3—锁轮;4—锁底板。

图 2.32　自动门锁

自动门锁装置是一种机电连锁装置。其机械构件应确保将层门锁紧,锁紧构件的啮合深度应不小于 7 mm,否则应调整。门锁的电气连锁开关,是证明层门闭合的电气装置,电气构件的电气开关应是安全触点式的,应确保门关妥后门电连锁电路可靠接通。

如果电梯的层门是滑动层门,其门扇由数个间接机械连接(如钢丝绳、传送带或链条)组成,而且门锁只锁紧其中一扇门,通过这扇单一锁紧的门防止其他门扇打开。未被直接锁紧的门扇的闭合位置也应装设一个电气安全触点开关,以保证其处于闭合状态。这个无门锁门扇上的装置被称为副门锁开关,当门扇传动机构出现故障造成门关不到位时,副门锁开关不能接通,电梯也不能启动运行,以确保乘客的安全等。

7. 门体保护

为了尽量减少在关门过程中发生人和物被撞击或夹住的事故,对门的运动提出了保护性的要求。首先门扇朝向乘员的一面要光滑,不得有可能钩挂人员和衣服的大于 3 mm 的凹凸。同时阻止关门的力(实际上也就是关门的力)不大于 150 N,以免对被夹住的人造成伤害。同时设置一种保护装置,当乘客在门的关闭过程中被门撞击或可能会被撞击时,保护装置将停止关门动作使门重新自动开启。保护装置一般安装在轿门上,常见的有接触式保护装置和非接触式保护装置。

(1)接触式保护装置。接触式保护装置一般为安全触板(图 2.33)。两块铝制的触板由控制杆连接悬挂在轿门外侧,正常情况下由于自重凸出门扇边缘约 30 mm。当关门时若有乘客或障碍物存在,安全触板将首先接触并被推入,使控制杆触动微动开关,将关门电路切断接通开门电路,使门重新开启。

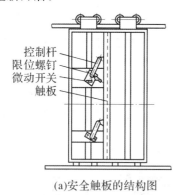

(a)安全触板的结构图　　　(b)安全触板的实物图

图 2.33　安全触板

(2)非接触式保护装置。目前最常用的非接触式保护装置是光电式保护装置,该装置在轿门边上设两组水平的光电装置,为防止可见光的干扰一般用红外光。两道水平的红外光好似在整个开门宽度上设了两排看不见的"栏杆",当有人或物在门的行程中遮断了任一根光线都会使门重新开启。还有一种光电保护装置是在开门整个高度和宽度中由几十根红外线交叉成一个红外光幕,就像一个无形的门帘,遮断其中的一部分,门就会重新开启(图2.34)。

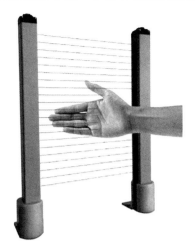

图2.34 光电式保护装置

此外,将光幕保护和安全触板合二为一的双重保护装置也得到了广泛的应用。

8.人工紧急开锁装置

手动三角锁装置安装在有自动门锁的层门门扇上,用来打开自动门锁的锁钩,通过三角钥匙打开层门(图2.35)。为了在必要时(如救援)能从层站外打开层门,标准规定每个层门都应有人工紧急开锁装置。与之配套的手动三角钥匙的使用和保管应有严格的规定,防止开锁后因未能有效地重新锁上而引起事故。在无开锁动作时,开锁装置应自动复位,不能仍保持开锁状态。在以往的电梯上紧急开锁装置只设在基站或两个端站。由于电梯救援方式的改变,现在强调每个层站的层门均应设紧急开锁装置。

图2.35 三角钥匙

9.层门自闭装置

电梯在正常状态下,由装设在轿门上的门刀驱动层门实现轿门和层门同步开关。当轿厢不在层站位置而层门未关到位并锁紧时,则可能发生人员意外坠落井道的危险。为防止此类事故的发生,当轿厢不在层站时,不论层门为何开启,都要求轿厢离开层门开锁区时,层门能自行完全关闭,这种自动关闭层门的装置称为层门自闭装置(强迫关门装置)。

层门自闭装置有压簧式、拉簧式和重锤式三种,其结构示意如图 2.36 所示。

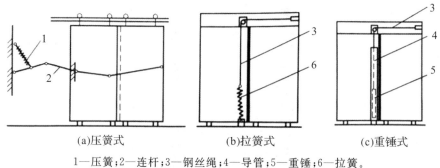

(a)压簧式　　(b)拉簧式　　(c)重锤式

1—压簧;2—连杆;3—钢丝绳;4—导管;5—重锤;6—拉簧

图 2.36　层门自闭装置

(1)压簧式层门自闭装置。当层门开启时,依靠被压弹簧的反作用力推动层门自动关闭装置。该装置的弹簧是在压缩状态下工作,弹簧自身不会失效,但其机械结构体积较大,一般用在井道较大的载货电梯上。

(2)拉簧式层门自闭装置。当层门开启时,由于弹簧被强行拉伸,一旦轿厢离开层门开锁区,失去门刀或其他阻力时,依靠弹簧的收缩力将层门自动关闭。该装置由于弹簧是在拉伸状态下工作,长期拉伸容易导致拉力减弱,层门自闭力不足。

(3)重锤式层门自闭装置。图 2.36(c)为电梯门向左旁开式,连接重锤的钢丝绳绕过固定在左侧门上的定滑轮,将重锤自身重力转换成水平向右的推力,一旦轿厢离开层门开锁区,失去门刀或其他阻力时,该推力足以使层门关闭并锁紧,且不产生冲击声。对于中分式门,通常将重锤滑道固定在一扇层门上,钢丝绳一端固定重锤,另一端固定在另一扇层门上。采用重锤式层门自闭装置时,需要有防止重锤意外坠入井道的措施。现在电梯普遍采用重锤式层门自闭装置。

10.门体电气要求

为保证电梯的安全运行,层门和轿门与周边结构如门框、上门楣等的缝隙只要不妨碍门的运动应尽量小,客梯门的周边缝隙不大于 6 mm,货梯不大于 8 mm。在中分门层门下部用人力向两边拉开门扇时,其缝隙不得大于 30 mm。从安全角度考虑电梯轿门地坎与层门地坎的距离不得大于 35 mm。轿门地坎与所对的井道壁的距离不得大于 150 mm。

电梯的门刀与门锁轮的位置要调整精确,在电梯运行中,门刀经过门锁轮时,门刀与门锁轮两侧的距离要均等;通过层站时,门刀与层门地坎的距离和门锁轮与轿门地坎的距离均应为 5~10 mm。距离太小容易碰擦地坎,太大则会影响门刀在门锁轮上的啮合深度,一般门刀在工作时应与门锁轮在全部厚度上接触。

当电梯在开锁区内切断门电机电源或停电时,应能从轿厢内部用手将门拉开,开门力应小于等于 300 N,且应大于 50 N。

客梯除了能自动启、闭轿厢门,还应具有自动调速的功能,以避免在起端与终端发生冲击。根据使用要求,一般关门的平均速度要低于开门的平均速度,这样可以防止关门时将人夹住,而且客梯的门还设有安全触板。

另外,为了防止关门对人体的冲击,有必要对门速实行限制,当门的动能超过 10 J 时,最快门扇的平均关闭速度要限制在 0.3 m/s。

2.5 重量平衡系统

电梯重量平衡系统由对重装置和重量补偿装置两部分组成,其结构如图 2.37 所示。其主要作用是用来平衡轿厢重量,使轿厢与对重间重量差保持在一个限额内,以保证电梯的曳引传动正常、平稳运行。轿厢与对重的重力使得曳引钢丝绳与曳引轮压紧,产生曳引力。轿厢和对重通过曳引钢丝绳分别挂在曳引机的两侧,两边形成平衡体,起到相对重量平衡的作用。

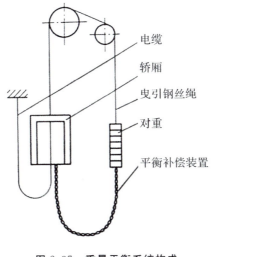

动画:重量平衡系统

图 2.37 重量平衡系统构成

2.5.1 对重装置

对重装置是曳引驱动电梯特有的装置,它通过曳引绳经曳引轮与轿厢连接,用于平衡部分或全部轿厢的重量,产生可靠的曳引力,并达到节能效果。在电梯中设置对重的主要目的在于减少电动机的功率及减少曳引轮两边的受力差。

对重一般分为无对重轮式(曳引比为 1∶1 的电梯)和有对重轮(反绳轮)式(曳引比为 2∶1 的电梯)两种。无论是有对重轮式还是无对重轮式的对重装置,其结构组成是基本相同的。对重一般由对重架、对重块、导靴、缓冲器撞块以及与轿厢相连的曳引钢丝绳和对重反绳轮(指 2∶1 曳引比的电梯)组成,如图 2.38 所示。

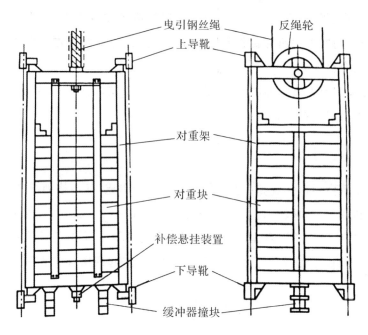

图 2.38 对重的组成

1. 对重架

对重架常用两根 14～18 号槽钢或用 3～5 mm 厚钢板分别折压成槽钢形式后，上下端分别与两块 12 mm 厚、200 mm 宽、长度等于载重架宽度的钢板焊接而成。

由于使用场合不同（如电梯类别和额定运行速度），按有、无轮区分的对重装置中，无轮对重装置常与曳引方式为 1∶1，采用 T 形导轨的乘客、住宅、观光和病床电梯配套使用；而有轮对重装置则与曳引方式为 2∶1，采用 T 形实芯或空芯导轨的货梯或客梯配套使用。

2. 对重块

在 20 世纪末以前生产的电梯的对重块多采用铁质材料浇灌制成，近年来，多数电梯制造厂商为降低成本开始采用水泥沙石浇灌制作对重块。用水泥沙石浇灌成的对重块重量为 30～40 kg，利于两个安装或维修人员搬动。对于大载重量的货梯，由于水泥沙石的比重轻，一般还需用铸铁制成 75 kg、100 kg、125 kg 等重量的铁质对重块，作为大额定载重量货梯的对重块。对重块放入对重架后应用压板压紧，防止电梯运行过程中对重块窜动而产生噪声，避免发生地震时对重块甩出对重架，造成伤害事故等。

3. 平衡系数

由于曳引力是轿厢与对重的重力共同通过曳引绳作用于曳引轮绳槽上产生的，对重是曳引绳与曳引轮绳槽产生摩擦力的必要条件，也是构成曳引驱动的不可缺少的条件。有了它，就易于使轿厢重量与有效载荷的重量保持平衡，这样也可以在电梯运行时，降低传动装置的功率消耗。因此对重又称平衡重，它相对于轿厢悬挂在曳引轮的另一端，起到平衡轿厢重量的作用。

当轿厢侧重量与对重侧重量相等时,$T_1=T_2$,若不考虑钢丝绳重量的变化,曳引机只需克服各种摩擦阻力就能轻松地运行。但实际上轿厢的重量随着载重量的变化而变化,因此固定的对重不可能在各种载荷下都完全平衡轿厢的重量。因此对重的轻重匹配将直接影响到曳引力和传动功率。

为使电梯满载和空载情况下,其负载转矩绝对值基本相等,国家标准和相关规范均按下面公式计算对重装置的重量:

$$P=G+QK$$

式中,P——对重总重量,kg;

G——轿厢自重,kg;

Q——额定载重,kg;

K——平衡系数。

标准规定平衡系数 K 在 0.4~0.5 之间,即对重平衡 40%~50% 额定载荷。故对重侧的总重量应等于轿厢自重加上 0.4~0.5 倍的额定载重量。

当 $K=0.5$ 时,电梯在半载时,其负载转矩为零。轿厢与对重完全平衡,电梯处于最佳工作状态。而电梯负载自空载至额定载荷(满载)之间变化时,反映在曳引轮上的转矩变化只有 ±50%,减少了能量消耗,降低了曳引机的负担。

2.5.2 重量补偿装置

电梯在运行中,轿厢侧和对重侧的钢丝绳及轿厢下的随行电缆的长度在不断变化。随着轿厢和对重位置的变化,总重量将轮流地分配到曳引轮的两侧。尤其当电梯的提升高度超过 30 m 时,或者建筑物楼层数超过 10 层时,悬挂在曳引轮两侧的钢丝绳的重量不能再忽略不计了。为了减少电梯传动中曳引轮所承重的载荷差,提高电梯的曳引性能,就必须采用补偿装置,用以平衡曳引钢丝绳的偏重。补偿装置应悬挂在轿厢与对重架底部的中间,在电梯升降时,其长度的变化正好与曳引绳长度变化相反,当轿厢位于最高层时,曳引绳大部分位于对重侧,而补偿链(绳)大部分位于轿厢侧;而当轿厢位于最低层时,情况正好相反。这样轿厢一侧和对重一侧就起到了平衡的补偿作用。

电梯重量补偿装置常采用补偿链、补偿绳和补偿缆三种。

(1)补偿链。这种补偿装置以铁链为主体,链环一个扣一个,并用麻绳穿在铁链环中,或者在链条外裹上一层 PVC 塑料,以减少运行时铁链相互碰撞引起的噪声。补偿链与电梯设备连接,通常一端悬挂在轿厢下面,另一端则挂在对重装置的下部。补偿链结构简单,但不适于梯速超过 1.75 m/s 的电梯使用。另外,为防止铁链掉落,应在铁链两个终端分别穿套一根直径 6 mm 的钢丝绳,从轿底和对重底穿过后紧固,这样也能减少运行时铁链互相碰撞引起的噪声。补偿链如图 2.39 所示。

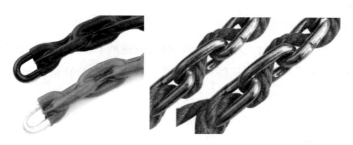

图 2.39 补偿链

(2)补偿绳。补偿绳以钢丝绳为主体,是把数根钢丝绳经过钢丝绳卡钳和挂绳架,一端悬挂在轿厢底梁上,另一端悬挂在对重架上。采用补偿绳的电梯运行稳定、噪声小。因此补偿绳装置常用在额定速度超过 1.75 m/s 的电梯上。该装置的缺点是装置比较复杂,除了补偿绳外,还需张紧装置等附件。电梯运行时,张紧轮能沿导轮上下自由移动,且能张紧补偿绳。正常运行时,张紧轮处于垂直浮动状态,本身可以转动。

(3)补偿缆。补偿缆是一种高密度的平衡补偿装置。补偿缆中间为低碳钢制成的环链,中间填塞物为金属颗粒以及聚乙烯与氯化物混合物,形成圆形保护层,链套采用具有防火、防氧化的聚乙烯护套,如图 2.40 所示。这种补偿缆质量密度高,可达 6 kg/m,最大悬挂长度可达 200 m,运行噪声小,适用于额定速度不超过 3.5 m/s 的各种中、高速电梯。

图 2.40 补偿缆

常见的补偿装置安装形式包括单侧补偿、双侧补偿和对称补偿。

(1)单侧补偿连接中,补偿装置(补偿链或补偿绳)一端与轿厢底部连接,另一端连接在井道中部,采用这种方法时对重重量需要加上曳引绳的总重。单侧补偿链结构简单,适用于楼层较低的井道。其结构如图 2.41 所示。

(2)双侧补偿连接中,轿厢和对重底部各装一套补偿装置,另一端连接在井道中部,采用这种方法时对重不需要增加重量。由于双侧补偿连接需增加井道空间位置,因此使用不广泛。其结构如图 2.42 所示。

(3)对称补偿连接的补偿装置(补偿链)的一端悬挂在轿厢底部,另一端挂在对重的底部,见图 2.43(a),这种补偿法称为对称补偿法。其优点是不需要增加对重的重量,补偿装置的重量等于曳引绳的总重量(不考虑随行电缆的重量),也不需要增加井道的空间。

如果采用补偿绳的对称补偿法,还需要在井道的底坑架设张紧轮装置,如图 2.43(b),张紧轮的重量也应该包括在补偿绳内。张紧轮装置上设有导轨,在电梯运行时,必须能沿导轨上、下自由移动,并且要有足够的重量以张紧补偿绳(在计算补偿绳重量时,应加上张紧轮装置的重量)。导轨的上部装有一个行程开关,在电梯发生碰撞时,对重在惯性力作用下冲向楼板,张紧轮沿着导轨被提起,导轨上部的行程开关动作,切断电梯控制电路。

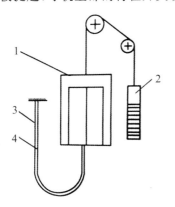

1—轿厢;2—对重;3—随行电缆;4—补偿装置。

图 2.41 单侧补偿法

1—轿厢;2—对重;3—随行电缆;4—补偿装置。

图 2.42 双侧补偿法

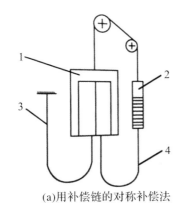

(a)用补偿链的对称补偿法

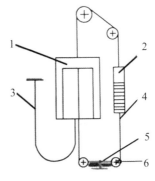

(b)用补偿绳的对称补偿法

1—轿厢;2—对重;3—随行电缆;4—补偿装置;5—张紧轮导轨;6—张紧轮。

图 2.43 对称补偿法

补偿装置的安装要求:

(1)补偿链与补偿绳应悬挂,以消除其内应力与扭转力。

(2)补偿链安装时应涂油,以减少噪声。

(3)补偿链长度应使电梯冲顶或蹲底时不致拉断或与底坑相碰,补偿链的最低点离开底坑地面应大于 100 mm。

(4)带有张紧装置的补偿绳必须设置防跳装置和行程开关,以便电梯蹲底或冲顶时触及开关,切断电梯控制回路,使电梯停止运行。

2.6 导向系统

电梯的导向系统包括轿厢的导向和对重的导向两部分(图 2.44)。在电梯运行过程中,导向系统限制轿厢和对重的活动自由度,使轿厢和对重沿着各自导轨做升降运动,使两者在运行中平稳,不会偏摆。导向系统主要由导轨、导靴和导轨架组成。

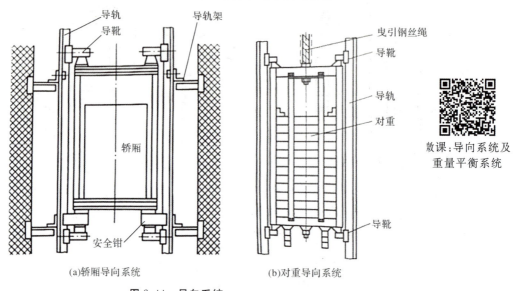

图 2.44 导向系统

2.6.1 导轨

导轨对电梯的升降起导向作用,使轿厢和对重按照设定要求做上下垂直运行,不会发生横向的摆动和振动。导轨还要承受轿厢的偏重力、制动的冲击力以及安全钳紧急制动时的冲击力等。因此要求导轨具有足够的强度、韧性,在受到强烈冲击时不发生断裂,且导轨平面必须光滑,无明显凹凸不平。每部电梯均具有用于桥厢和对重装置的两组至少 4 列导轨。同一部电梯,经常使用两种规格的导轨。通常轿厢导轨在规格尺寸上大于对重使用的导轨,故又称轿厢导轨为主轨,对重导轨为副轨。

一般导轨常采用机械加工方式或者冷轧加工方式制作。常见的导轨横截面形状如图 2.45 所示。

图 2.45 常见的导轨横截面形状

目前,电梯广泛使用的是已经标准化的 T 形导轨,其通用性强,且具有良好的抗弯性能及可加工性。L 形导轨强度、刚度以及表面精度较低,且表面粗糙,因此常用于货梯对重导轨和速度在 1 m/s 以下的客梯对重导轨。空心导轨用薄钢板滚轧而成,精度较 L 形高,有一定的刚度,多用于乘客电梯对重导轨。圆形导轨和槽形导轨采用的较少。

导轨的长度以毫米表示,公差±2 mm,为便于运输和安装,导轨长度一般为 3~5 m,架设在井道空间的导轨是从下而上的,因此必须把两根导轨的端部加工成凹凸形榫槽,互相对接好,并在底部用连接板将两根导轨固定在导轨架上(图 2.46、图 2.47)。连接板长约 250 mm,宽与导轨相适应,厚 10 mm 以上。每根导轨端头至少需要四个螺栓与连接板固定。导轨底部通过压导板与底坑的槽钢固定在一起。

图 2.46　导轨端部的凹凸形榫槽　　　　图 2.47　导轨连接

2.6.2　导轨架

导轨架作为导轨的支撑件,被固定在井道壁上。为便于安装和调整,现在的导轨架一般都是组合支架,常用角钢或折弯钢板组装而成。导轨架固定了导轨的空间位置,并承受来自导轨的各种作用力,因此导轨架应具有刚性好、不易变形、稳定、牢固、可靠的特点。一般在井道中每隔 2~2.5 m 设置一个导轨架,每根导轨至少设置两个导轨架。

导轨架在井道墙壁上的固定方式有埋入式、焊接式、预埋螺栓固定式、膨胀螺栓固定式和对穿螺栓固定式五种。导轨架应使用强度足够大的金属材料制作,而且具有针对井道墙壁的建筑误差进行弥补性调整的作用。如图 2.48 为轿厢导轨架和对重导轨架。

图 2.48　轿厢导轨架和对重导轨架

轿厢和对重导轨在导轨架上只能用压导板或螺栓固定,以利于解决由于建筑物正常沉降、混凝土收缩以及建筑偏差等所造成的问题,一般不允许用焊接方式固定。用图 2.49(a)所示的压导板把导轨固定于金属支架上的情况如图 2.49(b)所示。在电梯安装时能够矫正一定范围内的导轨变形,但不能适应建筑物的正常下沉或混凝土收缩等情况,一旦发生这种情况,导轨就会产生变形,影响电梯的正常运行。此种压导板一般用于建筑物高度较低、电梯速度不高的电梯。

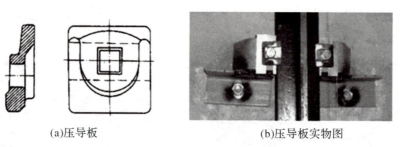

(a)压导板　　　　　(b)压导板实物图

图 2.49　压导板(一)

为了解决建筑物的下沉或混凝土的收缩对电梯导轨的影响,采用图 2.50 所示的压导板结构是比较理想的。该种压导板固定于金属支架上的情况如图 2.50(b)所示。采用这种压导板后,两压导板与导轨为点接触,这就使得当混凝土收缩时,导轨能够比较容易地在压导板之间滑移。

由于导轨背面支承一块圆弧垫板,导轨与圆弧垫板之间为线接触,因此,即使金属支架发生稍许的偏转,导轨和圆弧垫板之间的线接触关系仍然保持不变,不会影响电梯的正常运行。但这种压导板对导轨的加工精度和直线度都要求较高。

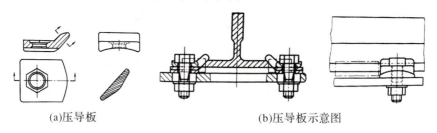

(a)压导板　　　　　(b)压导板示意图

图 2.50　压导板(二)

2.6.3　导靴

为保证对重和轿厢的平稳运行,在对重架和轿厢架各安装四只导靴,轿厢导靴分别安装在轿厢上梁两侧和轿厢底部安全钳座下面,对重导靴安装在对重梁上部和底部。导靴的靴头与导轨的工作面相配合,一般情况下,导靴要承受偏重力,随时将力传递在导轨上,强制轿厢和对重在曳引绳的牵引下沿着导轨上下运行,防止轿厢和对重装置在运行过程中偏斜或摆动。导靴分为滑动导靴和滚动导靴两大类。

（1）滑动导靴。滑动导靴一般是由带凹形槽的靴头、靴体和靴座组成，在靴头凹槽部分中一般均镶有耐磨的靴衬。滑动导靴通常用于额定速度为 2.5 m/s 以下的电梯。按照靴头在轴向的位置是否固定可分为刚性滑动导靴和弹性滑动导靴。

①刚性滑动导靴：刚性滑动导靴一般由靴衬和靴座组成，靴座通过铸造或焊接制成，靴衬常用摩擦系数低、耐磨性好的尼龙或聚酯塑料制成，具有较高的强度和刚度，承载能力强，与导轨采用间隙配合的方式，一般用于载货电梯。由于刚性滑动导靴的靴头是固定的，导靴与导轨表面存在间隙，随着运行磨损间隙还将增大，使轿厢运行中易产生晃动，影响运行的平稳性，一般这种导靴只用于额定速度低于 1 m/s 的电梯及对重架。为减小刚性滑动导靴滑行过程中的摩擦力，需定期在导轨与导靴接触面涂抹凡士林，以提高其自润滑能力，减小磨损。刚性滑动导靴如图 2.51 所示。

图 2.51　刚性滑动导靴

②弹性滑动导靴：弹性滑动导靴有可浮动的靴头，在弹簧或橡胶垫的作用下，靴衬底部可始终紧贴导轨表面，使轿厢在运行中保持与导轨的相对位置，又可以吸收轿厢在运行中产生的震动。弹性滑动导靴在运行过程中需要润滑，一般通过设置自动润滑油盒，只需定期给润滑油盒内补注油即可。弹性滑动导靴的应用范围较为广泛，除大载重量货梯外，额定速度 1~2 m/s 的轿厢和对重装置都可以采用。弹性滑动导靴如图 2.52 所示。

图 2.52　弹性滑动导靴

(2)滚动导靴。在电梯运行过程中,滑动导靴的靴衬与导轨之间总有摩擦力存在,而且这个摩擦力随着电梯运行速度的升高而增大。该摩擦力不但会增加曳引机的负荷,也会使轿厢运行时引起震动和噪声。为避免上述问题的发生,提高乘坐的舒适感,在运行速度大于 2 m/s 的电梯上,其轿厢导靴多采用滚动导靴取代滑动导靴。滚动导靴主要由两个侧面滚轮和一个正面滚轮及由钢板焊接的滚轮固定架构成。以三个滚轮代替滑动导靴的三个工作面,调节弹簧使三个滚轮始终与导轨的三个工作面紧贴,以滚动摩擦代替滑动摩擦,使导靴运行时的摩擦阻力大大减小,降低了能量损失。滚动导靴三个滚轮的接触压力可以通过弹簧机构加以调节,但必须注意滚轮与导轨应始终保持在同一个垂直面上,并在整个轮缘宽度上与导轨工作面均匀接触。滚轮的弹性支撑有良好的吸震性能,可以改善乘用时的舒适感,滚轮导靴在干燥的导轨表面工作,导轨表面无油,可以减小火灾发生的危险。滚动导靴如图 2.53 所示。

图 2.53　滚动导靴

2.7　安全保护系统

电梯运行过程中安全必须放在首位,电梯的安全保护,首先是对乘客实现保护,同时也要对电梯本身和所载物资及安装电梯的建筑物进行保护。电梯和零部件从设计、制造、安装等各个环节都要考虑防止危险的发生。电梯的安全除了在结构的合理性、可靠性、电气控制和拖动的可靠性方面充分考虑外,还要针对各种可能发生的不安全状态,设置专门的安全保护与防护措施。一旦出现某种不安全状态,安全装置能及时起作用,确保电梯的安全。

2.7.1　安全系统的基本组成

现代电梯必须设有完善的安全保护系统,包括一系列的机械安全装置和电气安全装置,以防止任何不安全情况的发生。电梯在设计时设置了多种机械、电气安全装置,这些装置共同组成了电梯安全保护系统。同时,随时检查安全保护装

微课:安全保护系统

置的状态是否正常有效,很多事故就是由于未能发现、检查出电梯状态不良和未能及时维护检修及不正确地使用造成的。所以必须了解并掌握电梯的工作原理,及时发现隐患并正确合理地使用电梯。

电梯安全系统包括以下内容。

(1)超速(失控)保护装置。限速器、安全钳。

(2)超越上下极限工作位置保护装置。强迫减速开关、限位开关、极限开关,上述三个开关分别起到强迫减速、切断控制电路、切断动力电源三级保护。

(3)蹲底(与冲顶)保护装置。缓冲器。

(4)层门、轿厢门锁电气连锁装置。确保门不完全关闭时,电梯不能运行。

(5)门的安全保护装置。轿门设置光电检测或超声波检测装置、门安全触板等。保证门在关闭过程中不会夹伤乘客或货物,关门受阻时,保持门处于开启状态。

(6)电梯不安全运行防止系统。轿厢超载控制装置、限速器断绳开关、选层器断带开关等。

(7)电梯不正常状态处理系统。机房曳引机的手动盘车、自备发电机以及轿门手动开关门设备等。

(8)供电系统断相、错相保护装置。相序保护继电器等。

(9)停电或电气系统发生故障时,轿厢慢速移动装置。

(10)报警装置。轿厢内与外联系的警铃、电话等。

除上述安全装置外,还会设置轿顶安全护栏、轿厢护脚板、底坑对重侧防护栏等设施。综上所述,电梯安全保护系统一般由机械安全装置和电气安全装置两大部分组成,但是机械安全装置往往也需要电气方面的配合和联结,才能保证电梯运行安全可靠。

2.7.2 限速器安全钳

当电梯在运行中无论何种原因使轿厢发生超速(电梯额定速度的115%),而所有其他安全保护装置不起作用的情况下,限速器和安全钳发生联动动作,继而产生机械动作切断供电电路,使曳引机制动。最终使电梯轿厢停住。限速器是指令发出者,而安全钳是执行者。乘客电梯、载货电梯、医用电梯等,都应安装限速器和安全钳系统。

1. 限速器-安全钳联动机构工作原理

对于有机房的电梯,限速器一般安装在机房;对于无机房的电梯,限速器一般安装在井道顶部。安全钳是限速器的执行装置,一般安装在轿厢下部底梁两侧或对重底部两侧。限速器钢丝绳通过限速轮一端与轿厢操作拉杆的绳头连接,另一端下到底坑通过张紧轮返回到提拉杆的绳头再次连接形成闭环。张紧轮对限速器进行张紧,使限速器绳与限速器轮间产生足够的摩擦力。当轿厢运行时限速器绳随轿厢一起运行并带动限速器轮旋转,把轿厢运行的线速度转化为限速器轮的旋转速度。限速器-安全钳联动原理如图 2.54 所示。

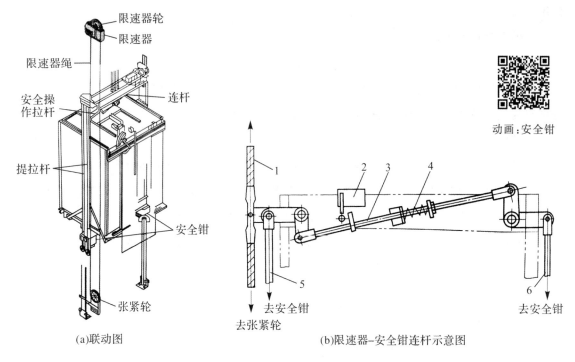

1—限速绳;2—安全开关;3—连杆;4—复位弹簧;5、6—拉杆。

图 2.54 限速器-安全钳联动原理图

当轿厢上行或下行超过额定速度的某一速度值时,限速器上的电气装置起作用,通过电气触点使制动器失电进行制动使电梯停止运行。当电梯超速时,电气装置动作后仍不能使电梯停止;当电梯速度再达到一定值后,限速器机械动作卡住限速绳,通过限速绳及拉杆拉动安全钳夹住导轨将轿厢制停。

同理,当曳引绳断绳造成轿厢(或对重)坠落时,也由限速器的机械动作拉动安全钳,使轿厢制停在导轨上。限速器和安全钳的动作是一种机械强制性的制动,制动后,必须将轿厢(或对重)提起,并经专业人员检测调整后方能恢复使用。

为防止限速器绳断裂或过度伸长而导致张紧轮碰到地面失去作用,在张紧轮上装有断绳开关,当张紧轮下落到设定位置时,就会触动断绳开关,切断电梯控制回路。

2.限速器

(1)限速器分类。限速器的种类很多,按照结构可分为甩块式限速器、抛球式限速器、摆杆式限速器等;按作用方向有单向限速器和双向限速器;按动作时对钢丝绳的夹绳方式可分为夹紧式和曳引式,其中夹紧式又可以分为刚性夹紧式和弹性夹紧式(图 2.55)。

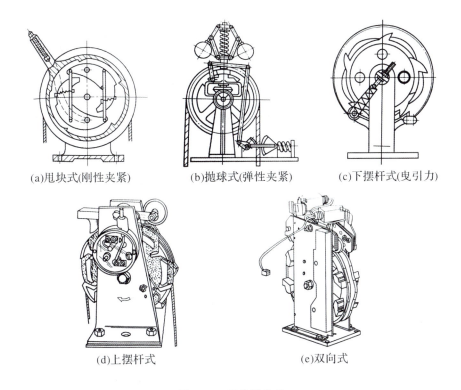

(a)甩块式(刚性夹紧)　　(b)抛球式(弹性夹紧)　　(c)下摆杆式(曳引力)

(d)上摆杆式　　(e)双向式

图 2.55　限速器种类

刚性夹紧式限速器对钢丝绳的夹持力是不可调的,绳索一旦被夹住,就会越夹越紧,因此被称为刚性夹紧式。刚性夹紧式对钢丝绳的损伤比较大,仅适用于低速电梯,一般限速器上没有超速开关,正常情况下,绳钳与钢丝绳之间应有 3 mm 以上的间隙,绳钳上端的压缩弹簧在绳钳夹持钢丝绳时能起到一点缓冲作用。

弹性夹紧式限速器的绳钳对限速器绳的夹紧是一个弹性夹持过程,对绳索起到很好的保护作用,卡绳的力量可由夹绳钳弹簧进行调节,是目前广泛使用的一种形式。

当要求电梯对上行方向的超速也起保护作用时,双向限速器即具有双向动作功能。图2.56所示为当前电梯中几种常见限速器。

图 2.56　常见限速器

(2)结构原理。不管什么种类的限速器,一般它们的动作原理都是相同的,即离心式原理,以旋转所产生的离心力来反映电梯的实际运行速度。

图 2.57(a)是一种限速器原理结构图,属于弹性夹紧式。限速器上安装有超速开关,限速器对电梯速度的限制作用分为两个独立的动作。当限速器绳轮旋转时,与之固定在一起的甩块一同旋转,限速器正常转动中,甩块由调节弹簧拉住,随着限速器旋转速度的增大,甩块在离心力的作用下克服弹簧拉力沿着锚销轴向外转动,当旋转速度超过一定值时首先触动超速开关,切断电梯安全电路,制动器失电抱闸,使电梯停止运行。限速器超速开关动作速度亦称为第一动作速度。若电梯超速开关动作后电梯没有停止而继续超速运行,则当速度超过额定速度115%以后,碰闩旋转开关将楔块打落,进而将限速器绳卡住不能再随轿厢一起运动,通过限速器绳拉杆和联动机构将安全钳拉动,轿厢制停。由于绳钳与钳座之间有夹紧弹簧,其作用一是绳钳对限速器绳的夹紧是一个弹性夹持过程,对绳索有很好的保护作用;二是卡绳的力量可由夹绳钳弹簧进行调节,因此,这种限速器适合于中、高速电梯。

图 2.57(b)是另一种限速器原理结构图。限速器绳轮旋转时,棘爪由锚销轴固定在限速器上与之一同旋转,而棘轮(制动轮)固定不动。限速器正常转动时,身棘爪由调节弹簧拉住,随着限速器旋转速度的加快,棘爪的离心力也在增大,克服弹簧拉力沿着锚销轴向外转动,当限速器旋转速度超过额定速度115%后,棘爪的离心力摆脱了弹簧的束缚,向外转动卡在棘轮上,使限速器停止转动。依靠限速绳与限速轮之间的摩擦力(曳引力)驱动拉杆和联动机构将安全钳提拉起来,轿厢制停。该种限速器适用于低速电梯。

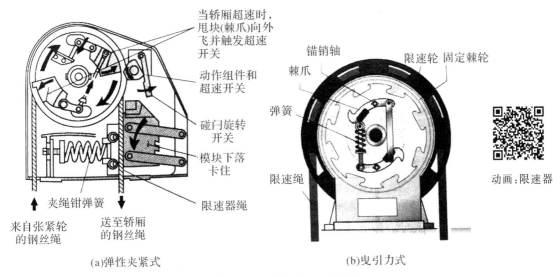

(a)弹性夹紧式　　　　　　　　　(b)曳引力式

图 2.57　限速器原理结构图

控制轿厢超速的限速器触发速度和相关要求,在 GB/T 7588—2020《电梯制造与安装安全规范》中有明确的规定,即该速度至少等于电梯额定速度的 115%;限速器动作时,限速器绳的张力不得小于安全钳起作用所需力的两倍或 300 N;限速器绳的最小破断载荷与限速器动作时产生的限速器绳张力安全系数不应小于 8,限速器绳公称直径不应小于 6 mm;限速器绳必须配有张紧装置张紧,且在张紧轮上装设导向装置。

3. 安全钳

安全钳是由于限速器的触发而动作,迫使轿厢和对重装置制停在导轨上,同时切断电梯和动力电源的安全装置。凡是由钢丝绳或链条悬挂的载人轿厢均要设置安全钳。它对电梯的安全运行提供有效的保护作用,一般将其安装在轿厢架或对重架上。随着轿厢上行超速保护要求的提出,现在双向安全钳也有较多的应用。

安全钳按结构和工作原理可分为瞬时式安全钳和渐进式安全钳。

(1)瞬时式安全钳。瞬时式安全钳如图 2.58 所示,也称为刚性急停型安全钳,瞬时式安全钳按照制动元件结构形式可分为楔块形、偏心轮形和滚柱形三种。它的承载结构是刚性的,动作时产生很大的制停力,使轿厢立即停止。瞬时式安全钳的使用特点是,制停距离短,轿厢承受冲击严重,在制停过程中楔块或其他形式的卡块将迅速地卡入导轨表面,从而使轿厢瞬间停止。滚柱形瞬时安全钳的制停时间在 0.1 s 左右;而双楔瞬时式安全钳的瞬时制停力最高时的区段只有 0.01 s 左右,整个制停距离也只有几十毫米乃至几个毫米,轿厢最大制停减速度在 $(5\sim10)g$(g 为重力加速度 9.8 m/s^2)甚至更大,而一般人员所能承受的瞬时减速度为 $2.5g$ 以下。由于上述特点,电梯及轿厢内的乘客或货物会受到非常剧烈的冲击,导致人员或货物伤损,因此瞬时式安全钳只能适用于额定速度不超过 0.63 m/s 的电梯(某些国家规定为 0.75 m/s 以下)。

瞬时式安全钳的结构原理如图 2.58(b)所示,安全钳座一般用铸钢制成整体式结构,楔块用优质耐热钢制造,表面淬火使其有一定的硬度;为加大楔块与导轨工作面间的摩擦力,楔块工作面常制出齿状花纹。电梯正常运行时,楔块与导轨侧面保持 2~3 mm 的间隙,楔块装于钳座内,并与安全钳拉杆相连。在电梯正常工作时,由于拉杆弹簧的张力作用,楔块保持固定位置,与导轨侧工作面的间隙保持不变。当限速器动作时,通过传动装置将拉杆提起,楔块沿钳座斜面上行并与导轨工作面贴合楔紧,随着轿厢的继续下行,楔紧作用增大,此时安全钳的制停动作就已经和操纵机构无关了,最终将轿厢制停。

为了减小楔块与钳体之间的摩擦,一般可在它们之间设置表面经硬化处理的镀铬滚柱,当安全钳动作时,楔块在滚柱上相对钳体运动。

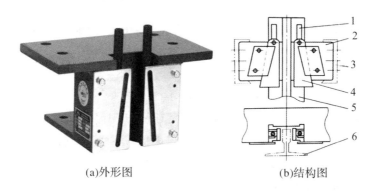

(a)外形图　　　　　　　(b)结构图

1—拉杆;2—安全钳座;3—轿厢下梁;4—楔(钳)块;5—导轨;6—盖板。

图 2.58　瞬时式安全钳

(2)渐进式安全钳。渐进式又称为滑移动作式安全钳,也叫弹性滑移型安全钳。它能使制动力限制在一定范围内,并使轿厢在制停时有一定的滑移距离,它的制停力是有控制地逐渐增大或保持恒定值,使制停减速度不致很大。

渐进式安全钳与瞬时式安全钳之间的根本区别在于其安全钳制动开始之后,制动力并非是刚性固定的。通过增加弹性元件,渐近式安全钳制动元件作用可在导轨上的压力具有缓冲的余地,在一段较长的距离上制停轿厢,有效地使制动减速度减小,保证人员或货物的安全。渐进式安全钳可以使用在额定速度大于 0.63 m/s 的各类电梯上。渐进式安全钳制动时的平均减速度应在$(0.2~1)g$。

渐进式安全钳的实物如图 2.59(a)所示,结构如图 2.59(b)所示,它与瞬时动作安全钳的根本区别在于钳座是弹性结构(弹簧装置),楔块被拉杆提起,贴合在导轨上起制动作用,楔块通过导向滚柱将推力传递给导向楔块,导向楔块后侧装有弹性元件(弹簧),使楔块作用在导轨上的压力具有了一定的弹性,产生相对柔和的制停作用。导向滚柱可以减少动作时的摩擦力,使安全钳动作后容易复位。

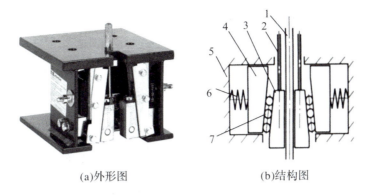

(a)外形图　　　　　　(b)结构图

1—导轨；2—拉杆；3—楔块；4—导向楔块；5—钳座；6—弹性元件；7—导向滚柱。

图2.59　渐进式安全钳

(3)安全钳的使用条件。在 GB/T 7588—2020《电梯制造与安装安全规范》中,规定了各种安全钳的使用条件,具体如下:

①电梯额定速度大于 0.63 m/s,轿厢应采用渐进式安全钳。若电梯额定速度小于或等于 0.63 m/s,轿厢可采用瞬时式安全钳。

②若轿厢装有数套安全钳,则它们应全部是渐进式的。

③若额定速度大于 1 m/s,对重安全钳应是渐进式的,其他情况下,可以是瞬时式的。轿厢和对重的安全钳的动作应由各自的限速器来控制。若额定速度小于或等于 1 m/s,对重安全钳可借助悬挂机构的断裂或借助一根安全绳来动作。

④不得采用电气、液压或气动操纵的装置来操纵安全钳。

2.7.3　缓冲器

缓冲器是一种吸收、消耗运动轿厢或对重的能量,使其减速停止,并对其提供最后一道安全保护的电梯安全装置。缓冲器装设在井道底坑的地面上。要求其安装牢固可靠,承载冲击能力强,缓冲器应与地面垂直并正对轿厢(或对重)下侧的缓冲板。电梯在运行中,由于安全钳失效、曳引轮槽摩擦力不足、制动器制动力不足、曳引机出现机械故障、控制系统失灵等原因,轿厢(或对重)超越终端层站底层,并以较高的速度撞向缓冲器,使缓冲器起到缓冲作用,以避免电梯轿厢(或对重)直接撞底或冲顶,保护乘客或货物及电梯设备的安全。

缓冲器按照其工作原理不同,可分为蓄能型和耗能型两种。按结构形式和材质分为弹簧缓冲器、聚氨酯缓冲器和液压缓冲器三种。

(1)蓄能型缓冲器。此类缓冲器又称为弹簧缓冲器,采用这种缓冲器的电梯,一旦发生轿厢或对重装置蹲底事故时,依靠弹簧的变形吸收轿厢或对重装置的动能,使轿厢或对重装置在蹲底的瞬间冲击力得到减缓,降低蹲底事故可能产生的不良后果。弹簧缓冲器变形起缓冲作用的过程也是储能的过程,当弹簧被压缩到最大变形量后,弹簧会将此能量释放出来,对轿厢(或对重)产生反弹,此反弹会反复进行,直至能量耗尽弹力消失,轿厢(或对重)才完全静止。在使用过程中,为了确保不同额定载重量和不同额定运行速度的电梯具有相同的缓冲效果,不同的缓冲器选用的缓冲弹簧是有区别的。同一台电梯的轿厢和对重缓冲器的规格则是相同的。

弹簧缓冲器如图2.60所示,一般由缓冲橡胶、上缓冲座、弹簧、弹簧座等组成,用地脚螺栓固定在底坑基座上。

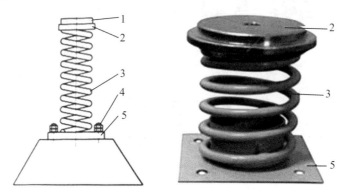

1—缓冲橡胶;2—上缓冲座;3—缓冲弹簧;4—地脚螺栓;5—弹簧座。

图 2.60 弹簧缓冲器

为了适应大吨位轿厢,压缩弹簧由组合弹簧叠合而成。行程高度较大的弹簧缓冲器,为了增强弹簧的稳定性,在弹簧下部设有弹簧套或在弹簧中设导向杆,如图2.61所示。

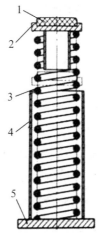

1—缓冲橡胶;2—上缓冲座;3—缓冲弹簧;4—弹簧套;5—弹簧座。

图 2.61 带弹簧套的弹簧缓冲器

弹簧缓冲器的特点是缓冲后有回弹现象,存在着缓冲不平稳的缺点,所以弹簧缓冲器仅适用于额定速度小于1 m/s的低速电梯。为克服弹簧缓冲器容易生锈腐蚀等缺陷,近年来开发了聚氨酯缓冲器(图2.62),广泛应用于中低速电梯中。这种新型缓冲器具有体积小、重量轻、软碰撞无噪声、防水防腐耐油、安装方便、易保养好维护、可减小底坑深度等优点。

图 2.62 聚氨酯缓冲器

(2)耗能型缓冲器。耗能型缓冲器又被称为液压缓冲器,主要由缸体、柱塞、缓冲橡胶垫和复位弹簧等组成,在缸体内注有缓冲器油。常见液压缓冲器的结构示意图如图 2.63 所示。

采用液压缓冲器的电梯,一旦发生轿厢或对重装置蹲底事故,以油为介质吸收轿厢或对重装置的动能。当液压缓冲器受到轿厢和对重的冲击时,柱塞向下运动,压缩缸体内的液压增大,油通过环形节流孔喷向柱塞腔(沿图 2.63 中箭头方向流动)。当油通过环形节流孔时,由于流动截面积突然减小,就会形成涡流,使液体内的质点相互撞击、摩擦,将动能转化为热量散发掉,从而消耗了轿厢或对重的能量,使轿厢或对重逐渐缓慢地停下来。因此液压缓冲器是一种耗能型缓冲器,它是利用液体流动的阻尼作用,缓冲轿厢或对重的冲击。当轿厢或对重离开缓冲器时,柱塞在复位弹簧的作用下,向上复位,油重新流回油缸,恢复正常状态。液压缓冲器是以消耗能量的方式实行缓冲的,因此无回弹作用,同时由于变量棒的作用,柱塞在下压时,环形节流孔的截面积逐步变小,能使电梯的缓冲接近匀减速运动。

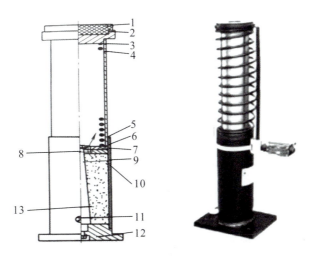

1—橡胶垫;2—压盖;3—复位弹簧;4—柱塞;5—密封盖;6—油缸套;7—弹簧托座;
8—环形节流孔;9—变量棒;10—缸体;11—放油口;12—油缸座;13—缓冲器油。

图 2.63 液压缓冲器

由于液压缓冲器的缓冲过程缓慢、连续且均匀,缓冲效果较好,在使用条件相同的情况下,液压缓冲器所需的行程可以比弹簧缓冲器减少一半,适用于额定运行速度大于 1 m/s 的各类电梯。液压缓冲器完成一次缓冲行程后,通过柱塞弹簧的作用使柱塞复位,其柱塞应在 120 s 内恢复到全伸长位置,以便接受新的缓冲任务。为确保缓冲器起到应有的缓冲作用,每个缓冲器应装设柱塞位置检测开关,以检查缓冲器是否处于正常状态。

缓冲器使用的数量要根据电梯额定速度和额定载重量确定。一般电梯会设置三个缓冲器,即轿厢下设置两个缓冲器,对重下设置一个缓冲器。

2.7.4 防止超越行程的保护

为防止电梯由于控制方面的故障,轿厢超越顶层或底层端站继续运行,必须设置保护装置以防止轿厢冲顶或撞底的严重后果的发生。防止越程的保护装置一般由设在井道内上下端站附近的强迫减速开关、限位开关和极限开关组成,俗称端站三级保护,分别达到强迫减速、切断方向控制回路、切断动力输出的三级保护。这些开关或碰轮都安装在固定于导轨上的支架上,由安装在轿厢上的撞弓(打板)触动而动作。图 2.64 所示为目前广泛使用的电梯端站安全保护开关的安装位置示意图。

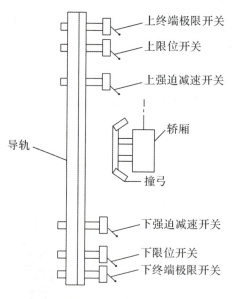

图 2.64 端站保护开关示意图

1. 强迫减速开关

端站有两套换速装置,一套是正常减速装置,另外一套是强迫减速装置。强迫减速装置是电梯防止越程的第一道防护,一般设置在端站正常减速开关之后。当开关被触动时,轿厢立即强制转为低速运行。在速度比较高的电梯中,可设几个强迫减速开关,分别用于短行程和长行程的强迫换速。

2. 限位开关

限位开关是防越程的第二道关,安装在超过终端平层位置一定距离的地方(一般为 30～50 mm),当轿厢在超越端站没有停层而触动限位开关时,立即切断方向控制电路使电梯停止运行。但此时仅仅是防止向危险方向的运行,电梯仍能向安全方向运行。

3. 极限开关

极限开关是防越程的第三道保护,一般安装在超出端站平层 100～200 mm 的位置。当限位开关动作后电梯仍不能停止运行,则触动极限开关切断电路,使驱动主机和制动器失电,电梯停止运转。极限开关安装的位置应尽量接近端站,但必须确保与限位开关不联动,而且必须在对重或轿厢接触缓冲器之前动作,并在缓冲器被压缩期间保持极限开关的保护作用。

限位开关和极限开关必须符合电气安全触点要求,不能使用普通的行程开关和磁开关、干簧管开关等传感装置。防越程保护开关都是由安装在轿厢上的撞弓触动的,撞弓必须保证有足够的长度,在轿厢整个越程的范围内都能压住开关,而且开关的控制电路要保证开关被压住(断开)时,电路始终不能接通。防越程保护装置只能防止在运行中控制故障造成的越程,若是由于曳引绳打滑制动器失效或制动力不足造成轿厢越程,上述保护装置是无能为力的。

2.7.5 其他保护装置

1. 轿厢顶护栏

轿厢顶护栏是电梯维修人员在轿厢顶作业时的安全保护栏,可以防止维修人员不慎坠落井道。不过,也有发生维修人员因扶、倚护栏造成人身伤害事故的情况。在轿厢顶边缘与井道壁水平距离超过 0.3 m 时,应在轿顶设护栏,设置护栏时应使护栏外围与井道内的其他设施(特别是对重)保持一定的安全距离,且护栏的安设应不影响人员安全和方便地通过入口进入轿厢顶。同时,在护栏上应有俯伏或者斜靠护栏危险警示标志或须知。

2. 底坑对重侧护栅

为防止人员进入底坑对重下侧而发生危险,在底坑对重侧两导轨间应设防护栅。防护应自电梯底坑地面上不大于 0.3 m 处向上延伸到至少 2.5 m 的高度,宽度不小于对重宽度两边各加 0.1 m。如果是网孔型的,无论水平方向或垂直方向测量的网孔尺寸均不得大于 75 mm。

3. 轿厢护脚板

轿厢护脚板是非常重要的防护装置。如果不设轿厢护脚板,当轿厢不在平层位置时,轿厢与层门地坎间就存在空间,这个空间会使乘坐人员或维修人员的脚踏入或伸入井道,导致发生人身伤害的可能。因未装设护脚板造成挤、切乘坐人员或维修操作人员的脚的事故时有发生,也曾发生过因未装设护脚板导致乘客、电梯司机坠入井道而死亡的重大事故。

每一个轿厢地坎上均应设置护脚板,护脚板的宽度应至少等于对应层站入口的整个净宽度。其垂直部分的下部应成斜面向下延伸,斜面与水平面的夹角应至少为 60°,该斜面在水平面上的投影深度不应小于 20 mm。护脚板垂直部分的高度不应小于 0.75 m。

4. 共享井道的防护

在几台电梯共享的井道中,为防止检修人员在井道内被相邻电梯的运动部件所伤害,同电梯的运行部件之间应设置隔障。此隔障应从轿厢、对重行程的最低点延伸到最底层站面以上 2.5 m 处。如果电梯轿厢顶边缘与相邻电梯运行部件之间的水平距离小于 0.5 m,隔障应贯穿整个井道,其宽度为运动部件宽度每边各加 0.1 m,防止维保人员被相邻电梯运行部件伤害。

5. 层门门锁及强迫关门装置

在电梯事故中人员被运动的轿厢剪切或坠入井道的事故占的比例较大,而这些事故的后果都十分严重,所以防止人员剪切和坠落的保护十分重要。层门门锁保证轿厢停靠在开锁区域以外时,层门保持锁闭状态,除授权人员使用三角钥匙外,其余人无法打开层门。强迫关门装置保证层门被非正常打开后能自行关闭和锁紧,并一直提供一个关门保持力。

6. 报警和救援装置

当发生人员被困在电梯轿厢内时,通过报警或通信装置应能将情况及时通知管理人员并通过救援装置将人员安全救出轿厢。

(1)报警装置。电梯必须安装应急照明和报警装置,并由应急电源供电。低层站的电梯一般是安设警铃,警铃安装在轿厢顶或井道内。操作警铃的按钮应设在轿厢内操纵箱的醒目处,上有黄色的报警标志,按下后会启动对讲系统。

考虑到在电梯井道底坑和轿厢顶部工作人员也存在被困的危险,在这两个位置也应安装报警和对讲装置,地铁车站电梯报警装置由轿厢、轿顶、底坑、机房(无机房电梯在控制柜,控制柜一般位于首层层门侧边)、车站控制室主机五方构成,五方之间可以相互通话,面向乘客的是轿厢通话,紧急情况时按下警铃按钮后,可与车站控制室通话。

动画:电梯五方通话

提升高度大于 30 m 的电梯,轿厢内与机房或值班室应有对讲装置,也由操纵箱面板上的按钮控制。因为目前大部分对讲装置是接在机房而机房又大多无人看守,这样在紧急情况时,管理人员不能及时知晓,所以凡机房无人值守的电梯,对讲装置必须接到管理部门的值班处。

(2)救援装置。电梯困人的救援以往主要采用自救的方法,即轿厢内的操纵人员从上部安全窗爬上轿厢顶将厅门打开。随着电梯的发展和无人员操纵电梯的广泛使用,再采用上述自救的方法不但十分危险而且几乎不可能,因为作为公共交通工具的电梯,乘员十分复杂,电梯故障时乘员不可能从安全窗爬出,就是爬上了轿顶也打不开厅门,反而会发生其他事故。因此,现在电梯从设计上就决定了救援必须从外部进行。

救援装置包括曳引机的紧急手动操纵装置和厅门的人工开锁装置。在有层站不设门时还可在轿顶设安全窗,当两层站地坎距离超过 11 m 时还应设井道安全门,若同井道相邻电梯轿厢间的水平距离不大于 0.75 m 时,也可设轿厢安全门。

机房内的紧急手工操纵装置,应放在拿取方便的地方,盘车手轮应漆成黄色,制动器扳手应漆成红色。制动器扳手和盘车手轮如图 2.65 所示。为使操作时知道轿厢的位置,机房内必须有层站指示。最简单的方法就是在曳引钢丝绳上用油漆做上标记,同时将标记对应的层站写在机房操作地点的附近。

图 2.65 制动器扳手和盘车手轮

若轿厢顶设有安全窗,安全窗的尺寸应不小于 0.35 m×0.5 m,强度应不低于轿厢壁的强度。窗应向外开启,但开启后不得超过轿厢的边缘。窗应有锁,在轿厢内,要用三角钥匙才能开启,在轿厢外,则不用钥匙也能打开。窗开启后不用钥匙也能将其关闭和锁住,窗上应设验证锁紧状态的电气安全触点,当窗打开或未锁紧时,触点断开切断安全电路,使电梯停止运行或不能启动。

井道安全门的位置应保证至上下层站地坎的距离不大于 11 m。要求门的高度不小于 1.8 m,宽度不小于 0.35 m,门的强度不低于轿厢壁的强度。门不得向井道内开启,门上应有锁和电气安全触点,其要求与安全窗一样。轿厢安全门设置在相邻轿厢的相对位置上。

现在,一部分电梯已安装了电动的停电(故障)应急装置,在停电或电梯故障时能自动接入。装置动作时以蓄电池为电源向电动机送入低频交流电(一般为 5 Hz),并通过制动器释放。在判断负载力矩后向力矩小的方向迅速将轿厢移动至最近的层站,自动开门将人放出。应急装置在停电、中途停梯、冲顶蹲底和限速器安全钳动作时均能自动接入,但若是门未关或门的安全电路发生故障则不能自动接入移动轿厢。

7. 急停开关

急停开关是串接在电梯控制电路中的一种不能自动复位的手动开关,当遇到紧急情况或检修电梯时,为防止电梯的启动、运行,应将急停开关关闭,切断控制电源以保证安全。急停开关分别设置在轿厢顶操纵盒上、底坑内和机房控制柜壁上及滑轮间。急停开关应有明显的标志,按钮应为红色,旁边标以"通""断"或"停止""运行"字样,扳动开关,向上为接通,向下为断开。

轿厢顶的急停开关应面向轿厢门,离轿厢门距离不大于 1 m。底坑的急停开关应安装在进入底坑可立即触及的地方。当底坑较深时可以在下底坑梯子旁和底坑下部各设一个串联的停止开关,最好是能联动操作的开关。在开始下底坑时即可将上部开关置于停止的位置,到底坑后也可用操作装置消除停止状态或重新将开关置于停止位置。轿厢装有无孔门时,轿厢内严禁装设急停开关。

8. 检修运行装置

检修运行是为便于检修和维护而设置的运行状态,由安装在轿厢顶或其他地方的检修运行装置进行控制。

检修运行时应取消正常运行的各种自动操作,如取消轿厢内和层站的召唤,取消门的自动操作。此时轿厢的运行依靠持续按压方向操作按钮操纵,轿厢的运行速度不得超过 0.63 m/s,门的开关也由持续按压开关门按钮控制。检修运行时所有的安全装置如限位和极限、门的电气安全触点和其他的电气安全开关及限速器、安全钳均有效,因此是不能开着门走梯的。

检修运行装置包括运行状态转换开关、操纵运行的方向按钮和停止开关。该装置也可以与能防止误动作的特殊开关一起从轿厢顶控制门机构的动作。

检修运行状态转换开关应是不能自动复位的手动开关,开关的检修和正常运行位置应有标示,若用刀开关或拨杆开关则向下是检修运行状态。轿厢内的检修运行状态转换开关应用钥匙控制,或设在有锁的控制盒中。检修操纵运行的方向按钮应有防误动作的保护,并标明方向。有的电梯为防误动作设三个按钮,操纵时方向按钮必须与中间的按钮同时按下才有效。

当轿厢顶以外的部位如机房、轿厢内也有检修运行装置时,必须保证轿厢顶的检修运行装置"优先",即当轿顶检修运行装置处于检修运行位置时,其他地方的检修运行装置全部失效。

9. 电气安全保护

(1)曳引电动机的过载保护。电梯使用的电动机容量一般比较大,为了防止电动机过载后被烧毁而设置了热继电器过载保护装置。电梯电路中常采用的 JR0 系列热继电器是一种双金属片热继电器。两只热继电器的热元件分别接在曳引电动机快速和慢速的主电路中,当电动机过载超过一定时间,即电动机的电流大于额定电流,热继电器中的双金属片经过一定时间后变形,从而断开串接在安全保护回路中的接点,保护电动机不会因长期过载而烧毁。现在也有将热敏电阻埋藏在电动机的绕组中,即当过载发热引起阻值变化,经放大器放大使微型继电器吸合,断开其接在安全回路中的触头,从而切断控制回路,强令电梯停止运行。

(2)电梯控制系统中的短路保护。一般短路保护,是由不同容量的熔断器来完成。熔断器是利用低熔点、高电阻金属不能承受过大电流的特点,使它熔断,从而就切断了电源,对电气设备起到保护作用。极限开关的熔断器为 RC 1 A 型插入式,熔体为软铅丝,片状或棍状。电梯电路中还采用了 RL 1 系列蜗旋式熔断器和 RLS 系列螺旋式快速熔断器,用以保护半导体整流器件。

(3)供电系统相序和断(缺)相保护。当供电系统因某种原因造成三相动力线的相序与原相序有所不同,有可能使电梯原定的运行方向改变,它给电梯运行造成极大的危险性。同时电动机在电源缺相下不正常运转可能导致电动机烧损。

电梯电气线路中采用相序继电器,当线路错相或断相时,相序继电器切断控制电路,使电梯不能运行。

随着电力电子器件和交流传动技术的发展,电梯的主驱动系统应用晶闸管直接供电给直流曳引电动机,以大功率器件绝缘栅双极型晶体管为主体的交-直-交变频技术在交流调速电梯系统中的应用,使电梯系统工作与电源的相序无关。

(4)主电路方向接触器连锁装置。交流双速及变频电梯运行方向的改变是通过主电路中的两只方向接触器改变供电相序来实现的。如果两接触器同时吸合,则会造成电气线路的短路。为防止短路故障,在方向接触器上设置了电气连锁,即上方向接触器的控制回路是经过下方向接触器的辅助常闭触点来完成的。下方向接触器的控制电路受到上方向接触器辅助常闭触点控制。只有下方向接触器处于失电状态时,上方向接触器才能吸合,而下方向接触的吸合必须是上方向接触器处于失电状态。这样上下方向接触器形成电气连锁。

为防止上下方向接触器电气连锁失灵,造成短路事故,在上下方向接触器之间,设有机械互锁装置。当上方向接触器吸合时,由于机械作用,限制住下方向接触器的机械部分不能动作,使接触器触点不能闭合。当下方向接触器吸合时,上方向接触器触点也不能闭合,从而达到机械连锁的目的。

2.8 电气控制系统

2.8.1 电气控制系统功能及分类

1.电气控制系统功能

电气控制系统功能是对电梯的运行实行操纵和控制,完成各种电气动作功能,保证电梯的

微课:电力驱动系统及电气控制系统

安全运行。电气控制系统指挥着电梯有条不紊地定向(选层)、关门、启动加速、稳速运行、制动减速、平层停梯、关门。

电气控制系统由操纵装置、平层装置、位置显示装置、选层器等电气部件和轿厢位置检测电路、轿内选层电路、厅外呼梯电路、开关门控制电路、门连锁电路、自动定向电路、启动电路、运行电路、换速电路、平层电路等控制环节组成。

电梯的功能主要指电梯的自动化程度。电梯的自动化程度,取决于电梯的控制方式。地铁车站所有电梯及车辆段部分电梯单机运行状态下的性能简单描述如下(轿内外按钮开关控制、自动平层、自动开关门电梯电气控制系统等)。

(1)需由乘客对轿内外按钮简单操作。

(2)自动开关门。

(3)到达预定停靠的中间层站时,提前自动将额定快速运行切换为慢速运行,平层时自动停靠开门。

(4)到达两端站时提前自动强迫电梯由额定快速运行切换为慢速运行,平层时自动停靠开门。

(5)各层站设有召唤装置。乘客点按装置的按钮时:

①装置上有记忆指示灯信号;

②电梯在本层时自动开门,不在本层时自行启动运行,到达本层时提前自动将额定快速运行切换为慢速运行,平层时自动停靠开门。

(6)各层站有电梯运行方向和所在位置指示灯信号。

(7)召唤要求实现后,自动消除轿内外召唤位置和要求前往方向的记忆指示信号。

(8)电梯到达召唤人员所在层站停靠开门,乘客进入轿厢后只需点按一下操纵箱上与预定停靠层楼对应的指令按钮。电梯自动关门、启动、加速,然后以额定速度运行,到预定停靠层站提前自动将额定快速运行切换为慢速运行,平层时自动停靠开门。乘客离开轿厢 $4\sim6\ s$ 后电梯自行关门,门关好后就地等待新的指令任务,一段时间未有外部响应,轿厢照明和通风扇将自动关闭(站外梯轿厢空调系统温度作恒定设置,因此不考虑节能关闭功能)。

(9)电梯使用群控状态下的性能简单描述如下(以 A、B、C 三台电梯为例):

①A、B、C 三台电梯做统一控制运行时,工作状态类似于公共汽车,可根据客流量大小调节发梯时间,确保乘客合理等待乘梯时间;

②群控状态下,A、B、C 三台电梯单机为集选控制;

③A、B、C 三台电梯先后返回基站关门待命时,一旦出现外召唤信号,先返回基站的电梯予以响应。若无内外指令信号时,只有一台返基站待命,其余就地停靠待命,当出现外部信号时,则就近电梯予以响应;

④A、B 两梯向上行驶过程中,其下方出现召唤信号时 C 梯予以响应;

⑤A、B两梯在基站待命时,C梯返回基站过程中顺向外召唤信号予以响应,上行外召唤信号及C梯上方的外召唤信号由A、B两梯中一台予以响应;

⑥上述情况外的外呼召唤信号的响应情况,依运营管理综合楼及维修工务大楼具体情况(层站多少等)设置;

⑦电梯具备满载直驶功能:当电梯满载达到额定载重后,电梯能够拒绝响应其他楼层召唤显示盒的呼梯,但不影响轿厢内轿厢操纵盘的停站要求。

(10)电梯通过电控系统实现的部分性能描述。

①停电应急功能:在运行中的电梯遇到突然停电后,自动启动应急照明,并给通信及报警装置供电。被困乘客可通过轿厢操纵盘上的警铃开关按钮按响警铃,有需要可与车控室直接通电话(车站电梯),电梯具有五方对讲功能,能够实现轿厢内、检修盘或机房、车控室、轿顶、底坑之间的内部通信。

②轿内指令误登记消除功能:轿内指令误登记消除功能是生产厂家通过对电梯运行管理微机中的软件设置来实现的,电梯轿内指令误登记消除功能与其他地方的电梯设置有区别,乘客对已点击响应按钮再快速按两下即可消除前次操作。

2. 电气控制系统分类

电梯的电气控制系统在20世纪80年代前,基本是采用继电器-接触器控制电路,它具有原理简单、直观、容易掌握的优点。随着控制技术和器件的发展,电梯电气控制系统经历可编程序控制器(Programmable Logic Controller,PLC)控制系统,现在基本被微机控制系统取代。

(1)继电器控制系统。继电器控制系统由于触点易受电弧损害,寿命短,因而继电器控制电梯的故障率较高,具有维修工作量大、设备体积大、动作速度慢、控制功能少、接线复杂、通用性与灵活性较差等缺点。对不同的层楼和不同的控制方式,其原理图、接线图等必须重新设计和绘制。

(2)可编程序控制器控制系统。PLC控制系统具有编程方便、抗干扰能力强、工作可靠性高、易于构成各种应用系统,以及安装维护方便等优点。控制功能虽然没有微机控制功能多、灵活性强,但它综合了继电器控制与微机控制的许多优点,使用简便,易于维护。

(3)微型计算机控制系统。当代电梯技术发展的一个重要标志就是将微机应用于电梯控制。现在国内外的主要电梯产品均以微机控制为主。微机应用于电梯控制主要有以下几个方面:

①微机用于召唤信号处理,完成各种逻辑判断和运算,取代继电器控制和机械结构复杂的选层器,从而提高了系统的适应能力,增强了控制系统的通用性。

②微机用于控制系统的调速装置,用数字控制取代模拟控制,由存储器提供多条可选择的理想速度指令曲线值,以适应不同的运行状态和控制要求。与模拟调速相比,微机控制可实现各种调速方案,有利于提高运行性能与乘坐舒适感。

③用于群梯控制管理,实行最优调配、提高运行效率、减少候梯时间、节约能源。因此由微

机实现继电器的逻辑控制功能,具有较大的灵活性,不同的控制方式可用相同硬件,只是软件不相同。当电梯的功能、层站数变化时,通常无须增减继电器和改动大量外部线路,可通过修改控制程序来实现。

2.8.2 电气控制系统中的主要部件

电梯电气控制系统主要装置有控制柜、操纵盘、楼层显示器、召唤显示盒、层站位置显示装置、平停层装置(转速、平层装置)、选层器、井道底坑检修箱、轿顶检修箱、机房电源箱等。

1.控制柜

控制柜是安装电子元件和电气元件的柜体,保障电梯正常运行的电气控制设备(图2.66)。电梯电气控制系统中的绝大部分继电器、接触器、控制器、电源变压器、变频器等均集中安装在电气控制柜中。有机房电梯,控制柜均设置在机房;无机房电梯,控制柜设置的位置因设计而异。无机房电梯的控制柜有的设置在电梯首层层门侧面;有的设置在顶层井道壁上;有的将控制柜分成几部分分散设置在井道顶层不同位置和顶层层门侧面,称之为分散型控制柜。郑州地铁车站内蒂森克虏伯无机房电梯控制柜属于分散型设置方式,控制柜设置在顶层井道壁上和顶层层门侧面。

图2.66 控制柜

2.楼层召唤显示盒

楼层召唤显示盒(Landing Indication and Operation Panel,LIOP)设置在层站门一侧,召唤轿厢停靠的专用电气装置。装置结构特征:用于上、下端站的为下或上单钮;中间层站的为上、下双钮。楼层召唤显示盒上部为楼层显示;中间点阵为到站时钟,电梯到站后用声音来提示乘客;下部为召唤按钮,乘客通过点按该按钮对电梯发送召唤信号(图2.67)。

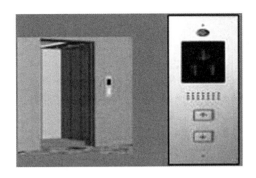

图 2.67　中间站层楼召唤显示盒

3.轿厢操纵盘

轿厢操纵盘设置在轿厢内门口一侧或两侧轿壁上,它是操纵轿厢运行的电气装置。操纵箱上有层站选择按钮、开门按钮、关门按钮、报警按钮、对讲系统、轿厢位置及其运行方向显示信号装置。地铁车站内电梯中使用的轿厢操纵盘有两种:

①采用蒂森克虏伯的标准轿厢操纵盘,其顶部带有轿厢操纵盘顶部检修组件(包括轿顶急停及检修开关+对讲),由轿厢底部直接到轿厢顶部,其顶部检修组件超过轿厢高度一部分。

②车站残疾人轿厢操纵盘,用于无障碍电梯,它的内部设置与蒂森克虏伯的标准轿厢操纵盘基本相似,但高度设置比较低,在轿厢两侧内壁的中间位置,与轿架位置相对应,按钮标识牌上有凸起的触摸图例、符号、字母、数字和盲文。

如图 2.68 所示,轿厢操纵盘中上部为对讲喇叭、对讲麦克风,下部圆形件为预设程序按钮。

图 2.68　轿厢操纵盘

4.平层装置及再平层功能

(1)平层装置的结构及原理。在轿厢顶部装有 2 个或 3 个干簧管式感应器(2 个为上、下平层感应器。如有 3 个,中间的是开门区域感应器),隔磁板装在井道导轨支架上,如图 2.69 所示。

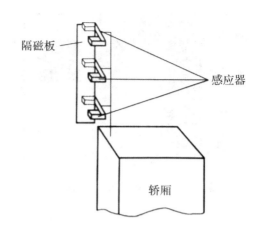

图 2.69 平层装置安装位置示意图

干簧管式感应器(也称永磁感应器)由 U 形磁钢、干簧管、盒体组成,如图 2.70 所示。干簧管感应器原理是,由 U 形磁钢产生磁场并对干簧管感应器产生作用,使干簧管内的触点动作,其动合触点闭合、动断触点断开[干簧管内部结构见图 2.70(b)];当隔磁板插入 U 形磁钢与干簧管中间空隙时,由于干簧管失磁,其触点复位(动合触点断开、动断触点闭合)。当隔磁板离开感应器后,干簧管内的触点又恢复动作。

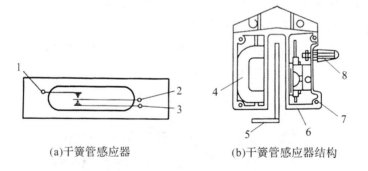

(a)干簧管感应器　　(b)干簧管感应器结构

1—动合触点;2—切换触点;3—动断触点;4—U 形钢盘;5—隔磁板;6—干簧管;7—盒体;8—接线端。

图 2.70 平层感应器结构

现在电梯更多使用光电感应器取代永磁感应器,光电感应器的作用与永磁感应器相同,当遮光板插入 U 形槽中时,因光线被遮住而使触点动作。图 2.71(a)、(b)所示分别为永磁感应器和光电感应器的外形。光电感应器与永磁感应器外观相似,光电感应器的发射器和接收器分别位于 U 形槽的两边,当遮光板经过 U 形槽阻断光线时,光电开关就产生了检测到的开关量信号。光电感应器较永磁感应器工作可靠,更适合用于高速电梯。

(a)永磁感应器　　　　　　(b)光电感应器

图 2.71　平层感应器外形

(2)平层过程。现以上平层为例,说明装有 3 个干簧管感应器的平层装置的工作过程(图 2.72)。

①当电梯轿厢上行接近预选的层站时,电梯运行速度由快速减为慢速继续上行,装在轿厢顶上的上平层感应器先进入隔磁板,此时电梯仍继续慢速上行。

②接着开门区域感应器进入隔磁板,使干簧管继电器动作,开门继电器提前吸合,轿门、层门提前打开。

③此时轿厢仍然继续慢速上行,当隔磁板插入下平层感应器时,轿厢平层停在预选层站。如果没有装中间的开门区域继电器,则没有提前开门的功能,而平层的效果是一样的。

④如果电梯轿厢因某种原因超越平层位置时,上平层感应器离开了隔磁板,通过电路控制能够使电梯反向下行再平层,最后回到准确的平层位置再停止。

图 2.72　平层装置

2.9　电力拖动系统

电力拖动系统的作用是为电梯提供动力,并对电梯的启动加速、稳速运行和制动减速起着控制作用。主要由供电系统、速度反馈装置和调速装置等组成。

2.9.1 电力拖动系统的种类

电梯拖动系统的优劣直接影响着电梯启停时的加速和减速性能、平层精度、乘坐舒适性等指标。早期电梯原动机都是直流电动机,所以直流驱动是当时电梯的唯一驱动方式,直到20世纪初交流电力驱动才开始在电梯上得到应用。目前电梯的拖动系统主要有直流电动机驱动、交流电动机驱动和永磁同步电动机驱动等,如图2.73所示。

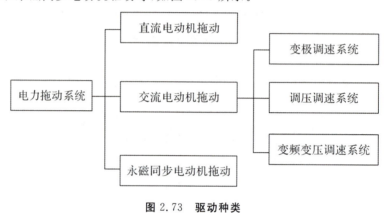

图 2.73　驱动种类

1.直流拖动系统

直流电动机具有调速性能好,调速范围宽的特点,因此具有速度快、舒适感好、平层准确度高的优点。能够满足电梯的使用需求,但最大的缺点是体积大、成本高、耗能高,目前已退出电梯市场。

2.交流变极调速系统

为了满足电梯平层精度的要求,交流电动机不止有一种转速,还有两个或三个转速。由于电动机的转速与其极对数成反比,因此,变速的最简单方法是只要改变其定子绕组的极对数就可改变电动机的同步转速。电动机极数少的绕组称为快速绕组,极数多的绕组称为慢速绕组。快速绕组作为启动和稳速用,而慢速绕组则作为制动和慢速平层停车用。

该系统大多采用开环方式控制,线路比较简单,造价低,变极调速是一种有极调速,调速范围不大,因为过大地增加电动机的极数,就会显著地增大电动机的外形尺寸。因此被广泛用在低速电梯上,但由于乘坐舒适感较差,目前只应用于额定速度不大于1 m/s的货梯上。

3.交流调压调速系统

该系统用晶闸管取代变极调速系统的启动、制动电阻或电抗器,采用涡流制动、能耗制动、反接制动等方式,从而控制启、制动电流,并实现系统闭环控制。使所控制的电梯乘坐舒适感好,平层准确度高,明显优于变极调速系统电梯,多用于额定速度2.0 m/s以下的电梯。但由于其能耗较大,对电动机要求较高,因此不是理想的调速系统,目前已被变频变压调速系统取代。

4. 变频变压调速系统

交流异步电动机的转速是施加于定子绕组上的交流电源频率的函数,均匀且连续地改变定子绕组的供电频率,可平滑地改变电动机的同步转速。但是根据电动机和电梯为恒转矩负载的要求,在变频调速时需保持电动机的最大转矩不变,维持磁通恒定,这就要求定子绕组供电电压要做相应的调节。因此,其电动机的驱动系统应能同时改变电压和频率,即对于给电动机供电的变频器要求有调压和调频两种功能,使用这种变频器的电梯常被称为变频变压调速电梯。目前,变频变压调速系统已广泛地应用于电梯上。

5. 交流永磁调速系统

驱动系统使用永磁同步无齿曳引机。由于永磁同步无齿曳引机与传统有齿轮曳引机相比具有如下优点:

(1)节能、驱动系统动态性能好。采用多极低速直接驱动的永磁同步曳引机,无须庞大的、机械传动效率仅为70%左右的蜗轮、蜗杆减速齿轮箱;与感应电动机相比,无须从电网汲取无功电流,因而功率因数高;因没有激磁绕组、没有激磁损耗,故发热小,因而无须风扇、无风摩耗,效率高;采用磁场定向矢量变换控制,具有和直流电动机一样优良的转矩控制特性,启动、制动电流明显低于感应电动机,所需电动机功率和变频器容量都相应减小。

(2)平稳、噪声低。低速直接驱动,故轴承噪声低,无风扇、无蜗轮蜗杆噪声。噪声一般可低5~10 dB,减小了对环境的噪声污染。

(3)节约空间。永磁同步曳引机无庞大减速齿轮箱、无激磁绕组,采用高性能钕铁硼永磁材料,故电动机体积小、重量轻,可缩小机房或无须机房。

(4)寿命长、安全可靠。永磁同步曳引电动机无须电刷和集电环,故使用寿命长,且无齿轮箱的油气,对环境污染少。

(5)维护费用低。无电刷、无减速箱,维护简单。相对于有齿轮式曳引机,永磁同步曳引机具有节能环保的绝对优势。于安全性层面:因结构简化,具有刚性直轴制动的特点,提供全时上下行超速保护能力外,利用永磁电动机的反电动势特点,实现蜗轮蜗杆之自锁功能,为电梯系统与乘客提供多层安全防护。于应用层面:因永磁同步曳引机小型化及薄型化特点,对电梯配置安排及与建筑物间整合空间的搭配性大大提升,间接地改善了人对建筑物空间的使用机能与品质。

2.9.2 电力拖动要求

电梯的工作性能应以满足乘坐舒适性和安全性为主要目的,因此,对曳引电梯电力驱动的基本要求如下。

1. 满足电梯工作状态（四象限运行）

虽然电梯与其他提升机械的负载都属位能负载，但一般提升机械负载力矩的方向是恒定的，均由负载的重力产生。但在曳引电梯中，负载力矩的方向却随着轿厢载荷的不同而变化，因为它是由轿厢侧与对重侧的重力差决定的。电梯重载荷（轿厢侧重量超过对重侧重量）上行时，电动机处于电动状态，驱动力矩克服负载力矩。但电梯轻载荷（轿厢侧重量小于对重侧重量）上行时，电动机处于再生发电状态，即负载力矩处于倒拉状态。相反，当电梯轻载荷下行时，电动机处于电动状态，电梯重载荷下行时，电动机处于再生发电状态。

2. 运行速度高

乘客电梯运行速度一般都超过 1 m/s，随着现代化城市的发展，要求电梯的速度越来越快，目前电梯速度最快已达 17.5 m/s。

3. 速度特性要求高

电梯属于垂直运输交通设备，在保证乘客安全的前提下必须考虑乘坐舒适性。也就是电梯的速度特性要满足要求，具体见电梯性能指标。

4. 定位精度要高

主要指电梯的平层准确度，电梯的平层停靠是自动操作的，必须满足国家标准要求，GB/T 10058—2009《电梯技术条件》规定：电梯轿厢的平层准确度宜在±10 mm 范围内，平层保持精度宜在±20 mm 范围内。

2.9.3 供电与主开关

电梯的电源应是专用电源，应由配电间直接送到机房，供电电压相对于额定电压在±7%的范围内。照明电源应与电梯主电源分开。电梯的供电压采用 TN-S 系统，在老建筑物的 TN-C 系统中至少应改为 TN-C-S 系统且应有重复接地。为检修电梯工作的需要，应有符合安全电压要求的电源装置向轿厢顶、底坑等处的插座供电。

轿厢内应当装设符合下述要求的紧急报警装置和应急照明：

（1）正常照明电源中断时，能够自动接通紧急照明电源。

（2）紧急报警装置采用对讲系统以便与救援服务持续联系，当电梯行程大于 30 m 时，在轿厢和机房（或紧急操作地点）之间也设置对讲系统，紧急报警装置的供电来自前条所述的紧急照明电源或等效电源；在启动对讲系统后，被困乘客不必再做其他操作。

在机房中每台电梯都应单独装设一个能切断该部电梯电路的主开关。该开关额定容量应略大于所有电路的总容量，并具有切断电梯正常使用情况下最大电流的能力。主开关应安装在机房入口处且能迅速接近和操作的位置，周围不应有杂物或有碍操作的设备或机构。如果机房为几台电梯共用，则各台电梯的主开关必须有明显易识别的与曳引机相对应的标志。主开关若装在电气柜内,则电气柜不应上锁,应能随时打开。主开关不得切断轿厢照明和通风、机房(机器设备间)照明和电源插座、轿顶与底坑的电源插座、电梯井道照明、报警装置的供电电路。

2.10 城市轨道交通电梯设备与各专业的接口

随着地铁集中控制要求的日益提高,电扶梯作为城市轨道交通的一部分,需要与其他系统协同配合工作。从单个设备就地控制到过程控制、车站一体化控制、线路控制乃至轨道交通的交通网络控制和管理,接口管理一直是技术发展的重点。

2.10.1 与环境设备监控系统接口

1. 缩写词定义

(1)BAS——环境设备监控系统。

(2)IBP——综合后备盘(Integrated Backup Panel),也称紧急操纵盘。

微课:电梯与其他专业的接口

2. 接口关系

(1)物理接口。电梯系统与 BAS 的结构见表 2.7。

表 2.7 电梯系统与 BAS 的接口

接口位置	接口类型	电梯公司	BAS 承包商	接口目的
电梯控制柜	接口类型 1:通信接口 RS 485); 接口类型 2:继电器接口(硬线)	负责在控制柜内预留接线端子	提供终端盒及接线电缆,并负责连接	用于电梯与 BAS 之间的数据传输

(2)功能接口。电梯系统和 BAS 系统的功能接口分别由电梯公司和 BAS 承包商按表 2.8 的内容提供。

表 2.8 电梯系统与 BAS 功能接口

序号	功能要求	电梯公司	BAS 承包商
1	电梯运行/非运行、报警、故障状态在车站车控室的 IBP 上显示	向 BAS 系统提供电梯运行/非运行、报警、故障状态信息及维修四种状态信号	接收电梯运行/非运行、报警、故障信号,并在 IBP 上显示,并可提供声光报警信号
2	电梯的运行/非运行、报警、故障信息在各站车控室的计算机上显示	向 BAS 系统提供电梯的各类运行、报警、故障信息及维修四种状态信号	接收、处理、显示电梯的各类运行、报警、故障及维修信息

(3)接口信号传递及信号显示,见表2.9。

表2.9　接口信号传递及信号显示

序号	功能描述	电梯提供	IBP显示
1	运行/非运行	Y	I
2	报警	Y	A
3	故障	Y	A
4	维修	Y	I

注:1. Y指提供信号;A指声音警报和显示;I指视频显示。

2. 在收到电梯"报警"信号后,车控室产生"报警"显示信号和报警信号,只有在"报警"信号完全清除以后,显示才能复位。

3. 在收到电梯"故障"信号后,车控室产生"故障"报警信号及显示,只有在电梯故障清除以后,显示才能复位。

(4)工作范围。电梯公司与BAS承包商职责见表2.10。

表2.10　电梯公司与BAS承包商职责

序号	电梯公司	BAS承包商
1	提供RS 485通信接口并留端子排;提供继电器硬线接口并留端子排	负责并安装到电梯控制柜的端子排,并提供到端子排的电缆
2	向BAS承包商提供完整的通信协议	按电梯公司提供的功能需求设计网络拓扑结构及远程监控系统
3	对BAS承包商形式开放通信协议	信息集成(计算机上)和必要的控制(IBP盘上)
4	就地上传电梯运行/非运行、报警、故障等信息	开发远程监控系统。在控制中心向电梯管理系统传输运行/非运行、报警、故障等信息
5	按进度与BAS承包商及时交换设计信息	按进度与电梯公司及时交换设计信息
6	提供仿真测试软件,能完成所有远程监控功能电梯方的模拟测试	提供仿真测试软件,能完成所有远程监控功能BAS方的模拟测试
7	给BAS承包商提供必要的支持,配合进行接口和整体试验工作	给电梯公司提供必要的支持,组织并完成在现场进行的系统联调工作

注:1. 表中所列的工作内容并不是涵盖一切的,为完成规定的功能需求,双方还应进行一些其他工作。在界面划分中,出现分歧和不同意见时,当向监理人员提出报告,协商解决。

2. 双方相互协调,密切配合制订设计和完工时间。

2.10.2 与火灾自动报警系统的接口

1. 缩写词定义

FAS——火灾自动报警系统(Fire Alarm System)。

2. 接口关系

(1)物理接口。电梯与 FAS 接口见表 2.11。

表 2.11　电梯与 FAS 接口

接口位置	接口类型	电梯公司	FAS 承包商	接口目的
电梯控制柜	干式触点硬线接口	负责在控制柜内预留接线端子	提供终端盒及接线电缆,并负责连接	用于电梯与 FAS 之间的命令传输

(2)功能接口。电梯系统和 FAS 系统的功能接口分别由电梯公司和 FAS 承包商按表 2.12 的内容提供。

表 2.12　电梯系统和 FAS 系统的功能接口

功能要求	电梯公司	FAS 承包商
车站及车辆段的火灾自动报警系统监控电梯	(1)传送控制和状态的信息到 FAS 模块箱; (2)在灾害情况下,接收及执行 FAS 的控制命令	在灾害情况下,车站的火灾报警主机控制电梯回归基站

动画:电梯消防归首

(3)工作范围。电梯承包商与 FAS 承包商职责见表 2.13。

表 2.13　电梯承包商与 FAS 承包商职责

电梯公司	FAS 承包商
(1)提供一对干式触点硬线接口,并负责配合 FAS 系统承包商电缆接入工作; (2)对于有机房电梯,要求提供一对干式触点,消防开关及布线由卖方负责	提供 FAS 模块箱终端控制盒干式触点硬线接口,负责将电缆接至电梯控制箱

2.10.3 与通信系统承包商接口

通信系统承包商负责提供车控室与电梯轿厢对讲机的电缆,并负责将电缆接至电梯配电箱处。卖方负责将电缆从配电箱处引入电梯轿厢并负责连接。

2.10.4 与安防系统承包商接口

安防系统承包商负责提供至电梯轿厢的电缆,负责将电缆接至电梯配电箱处,并负责提供轿厢内的摄像头及其安装。卖方负责将电缆从配电箱处引入电梯轿厢,并配合闭路电视系统承包商的安装工作。

思政拓展：世界规模最大的升船机

大家都知道，人要上楼，可以选择爬楼梯或坐电梯，那么船舶要翻过大坝，是不是也有多种选择呢？特别像三峡大坝这样的大型水利工程，是否也有像楼梯或者电梯一样的装备，供来往船只使用呢？答案是肯定的。三峡大坝的"楼梯"就是船闸，而"电梯"则是升船机。

我国著名的三峡大坝除了五级船闸外，还有世界上规模最大的垂直升船机。三峡升船机布置在枢纽工程的左岸，是三峡工程重要通航设施之一，主要为客船、货船和特种船舶提供快速过坝通道，过船规模为3000吨级，提升总重量约15500吨，最大提升高度为113米，是世界上规模最大、技术难度最高的垂直升船机。

三峡升船机是由武船集团制造的，设计和建设过程中攻克了齿轮齿条制造、螺杆螺母柱、船厢结构关键等一系列制造工艺及技术难题，使我国成功掌握了大型感应淬火残余应力控制和高效高精度加工技术。在运行精度方面，三峡升船机可以保证承船厢四个驱动系统在电气同步控制方式下全行程高程同步误差小于2毫米，是目前世界上升船机中同步提升精确度最高的。三峡升船机成功运行，创造了垂直升船机多项世界纪录，填补了行业技术空白。

课后练习题

1. 电梯有哪些分类方法？各根据什么分类？
2. 电梯按照用途可以分为哪几类？
3. 电梯的性能指标有哪些？
4. 解释以下电梯型号的含义：TKZ 1600/2.5 - JXW，TKJ1000/2.5 - JX THY/0.63 - AZ。
5. 电梯系统的主要组成有哪些？
6. 曳引系统由哪些部件组成？
7. 制动器的作用是什么？
8. 电梯轿厢主要由哪些部件组成？
9. 常见的电梯门入口由哪些保护装置？简述其工作原理。
10. 电梯导轨起什么作用？常见的结构有哪些？
11. 电梯电气控制系统主要由哪些部件组成？
12. 简述采用永磁同步无齿曳引机的特点。
13. 简述电梯安全保护系统各部件的作用。
14. 地铁车站电梯与其他专业的常用接口有哪些？

项目三 城市轨道交通自动扶梯设备

情景导入

在人流量密集的公共场所,如地铁车站、商场、机场、码头、大厦等,都需要在短时间内输送大量人流,这种设备应具备以下功能:输送能力大,能在短时间内连续输送大量人员,使乘客的等待时间尽量缩短;能向上或向下单方向运行,自然地规划人流行进的方向;结构紧凑,占用空间小,自动扶梯则很好地满足了上述要求。通过本项目的学习了解自动扶梯的分类、主要参数及机械、电气结构。

任务引领

(1)了解自动扶梯的工作特点;
(2)熟悉自动扶梯的分类和主要参数;
(3)掌握自动扶梯的结构及工作原理;
(4)培养爱国情怀,树立正确的价值观。

项目实施

3.1 自动扶梯基础知识

3.1.1 自动扶梯概述

微课:自动扶梯
基础知识

自动扶梯是由一台特殊结构形式的链式输送机和两台特殊结构形式的胶带输送机组合而成,带有循环运动的梯路,是在建筑物的不同层高间向上或向下倾斜输送乘客的固定电力驱动设备。行人站在自动扶梯的一端的梯级上,便会被带到扶梯的另一端,途中梯级会一路保持水平。扶梯在两旁设有跟梯级同步移动的扶手,供使用者扶握。另一种和自动扶梯十分类似的行人运输工具是自动人行道,亦是由动力驱动的人员输送设备,其人员运载面(例如踏面、胶带)始终与运行方向平行且保持连续。两者的区别主要是自动人行道是没有梯级的。

常见的自动扶梯结构如图 3.1 所示,一般由桁架、梯级、扶手带、扶手带驱动装置、楼层板、梳齿板、驱动装置、梯级链、导轨以及各种安全保护装置和润滑系统等组成。

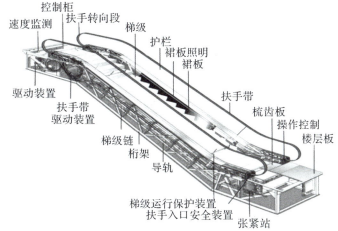

图 3.1　自动扶梯整体结构

自动扶梯与间歇式工作的曳引电梯比较,具有如下优点:①输送能力大,每小时可输送4500～13 500 人;②能连续运送人员;③可以逆转,既能向上运行,也能向下运行;④无须井道,在建筑上不需附加构筑;⑤当停电或重要零件损坏需要停用时,可作为普通扶梯使用。缺点是①自动扶梯结构有水平区段,有附加的能量损失;②提升高度较大的自动扶梯,人员在其上停留时间太长,容易出现安全事故;③自动扶梯造价较高等。

3.1.2　自动扶梯分类

自动扶梯一般按照用途、运行方式、提升高度、机房位置等的不同分类。但与电梯不同的是,它们没有按电动机的电源分类的。这是因为自动扶梯一旦启动并投入运行,将长时间按同一方向连续运行,驱动电动机几乎清一色地选用通用的三相交流感应电动机。

1. 按载荷能力及适用场所分类

自动扶梯按载荷能力及适用场所可分为普通型自动扶梯、公共交通型自动扶梯和重载型自动扶梯。其中,重载型自动扶梯在地铁等大客流公交场所已广泛使用,它在结构、性能寿命等方面与普通型自动扶梯和公共交通型自动扶梯有明显区别。

(1)普通型自动扶梯。普通型自动扶梯也称为商用扶梯,一般安装在百货公司、购物中心、超市、酒店、展览馆等商用楼宇内,是使用最广泛的自动扶梯。普通型自动扶梯的载客量一般都比较小,因此又称为轻载荷自动扶梯。

商业场所每天的营业时间通常约为12 h,因此,在设计中,一般对普通自动扶梯做这样的设定:每周工作 6 天,每天运行 12 h,以约 60% 的制动荷载作为额定荷载,主要零部件设计工作寿命为 70 000 h。

(2)公共交通型自动扶梯。公共交通型自动扶梯用于公共交通的出口和入口处。公共交通型自动扶梯主要应用于高速铁路、火车站、机场、过街天桥、隧道及交通综合枢纽等人流较集中且使用环境较复杂的场所。公共交通型自动扶梯的荷载大于普通型自动扶梯的荷载,但又小于重载型自动扶梯的荷载。

在上述公共场所,扶梯每天需要工作 20 h 或以上,因此,在设计中,一般对公共交通型自动扶梯有这样的设定:每周工作 7 天,每天运行 20 h,且在任何 3 h 的间隔内,其载荷达 100% 制动载荷的持续时间不少于 0.5 h,以约 80% 的制动荷载作为额定荷载,主要零部件的设计工作寿命为 140 000 h。

(3)重载型自动扶梯。重载型自动扶梯在任何 3 h 间隔内,其荷载达到 100% 制动荷载的持续时间在 1 h 以上,即在公共交通型自动扶梯的基础上做重载设计,因此,重载型自动扶梯又称为公共交通型重载自动扶梯。这种扶梯主要用于以地铁为代表的大客流城市轨道交通。

2. 按驱动方式分类

按驱动方式可分为链条式(端部驱动)和齿轮齿条式(中间驱动)。

链条式自动扶梯的驱动装置位于自动扶梯的桁架结构上的平台,是以链条为牵引构件的自动扶梯,该驱动方式工艺成熟,维修方便,是自动扶梯使用最广泛的驱动方式;齿轮齿条式自动扶梯的驱动装置位于中部桁架结构内,一般以齿条为牵引构件。

一台自动扶梯可以装多组驱动装置,也称多级驱动组合式自动扶梯。运行时电动机通过减速箱将动力传递给两侧传动链条,每侧的传动链条之间铰接一系列的轮轴,轮轴与牵引齿条的牙齿啮合,驱动自动扶梯运行。

3. 按安装位置分类

(1)室内型自动扶梯。室内型自动扶梯是指只能在建筑物内工作的自动扶梯,使用最广泛,其设计不需要考虑风吹日晒雨淋和风沙的侵袭。

(2)室外型自动扶梯。室外型自动扶梯是指能在建筑物外部工作的自动扶梯,又可以细分为全室外和半室外两种类型。自动扶梯会针对室外的降雨、阳光直射等影响采取对策,各个部件的防锈、主机及安全装置等防护等级更高。

室外型自动扶梯部件的工作寿命会明显低于室内型自动扶梯,特别是露天工作的全室外型自动扶梯,机件的磨损和报废都会比较快,维修费用也相当高。因此,一般不建议自动扶梯做露天布置。

4. 按机房的位置分类

按机房位置可分为机房上置式(机房设置在扶梯桁架上端水平段内)、机房外置式(驱动装置设置在自动扶梯桁架之外的建筑空间内)和中间驱动式(驱动装置设置在自动扶梯桁架倾斜段内)三种。

(1)机房上置式自动扶梯。机房设置在扶梯桁架上端部水平段内。驱动装置和电控装置都安装在机房内,具有结构简单、紧凑的优点,是自动扶梯最为常见的机房布置方式。但这种结构的扶梯机房内空间比较窄,为了方便检修,有的扶梯将电控柜做成可移动式的,必要时可以将电控柜提拉到地面进行检修。

(2)机房外置式自动扶梯。机房设置在自动扶梯桁架之外的建筑空间内,因此,又称为分离式机房。分离式机房的结构、照明、高度和面积等都必须符合专门的要求。

对于大提升高度扶梯,由于驱动装置较大,机房通常安置在桁架的外面,这样可以减少桁架的受力和震动,且方便检修;对于室外型自动扶梯,机房的外置还具有保护机房设备不受外界环境干扰的优点。但采用分离式机房会增加建设投资,所以,一般应用在地铁等大客流或需要大提升高度的场所。相关人员可以进入机房工作,并不影响自动扶梯正常工作。

(3)中间驱动式自动扶梯。中间驱动式自动扶梯的驱动装置安装在自动扶梯桁架的倾斜段内,这种结构的自动扶梯以多级齿条代替传统的梯级链条,以推力驱动梯级,减少动力损耗。由于可以将扶梯做成标准节,每节配置一个标准的驱动装置,按照高度需要加以组合,而不需要将桁架和驱动装置做得很大,因此又称为多级驱动式自动扶梯。这种驱动方式在大高度传动中有一定的优势,但也存在结构较复杂、驱动装置的调试和维修不方便,以及有摩擦传动等缺点。

5.按护栏种类分类

按护栏种类分类自动扶梯可以分为玻璃护栏型和金属护栏型。

(1)玻璃护栏型自动扶梯。护栏的主体(护壁板)采用玻璃制造。普通自动扶梯一般都采用玻璃护栏型。根据需要,玻璃板可采用全透明和半透明工艺,还可以采用不同的颜色。此外,还可以在扶手带下加装照明和其他的灯光装饰。目前,广泛采用的苗条型(无灯光)结构,显得更加简洁、明快和美观,适合购物中心、酒店等场所使用(图3.2)。

图 3.2 玻璃护栏型自动扶梯

(2)金属护栏型自动扶梯。护栏的主体采用金属板材制造。公共交通场所的自动扶梯多采用金属护栏结构,原因是金属护栏的强度高、防破坏能力强。护壁板多采用不锈钢板制作,结构牢固,适合交通复杂且客流密集的公共交通场所,特别是地铁站。另外,室外型自动扶梯也多采用金属护栏(图 3.3)。

图 3.3　金属护栏型自动扶梯

6. 按提升高度分类

按提升高度自动扶梯可以分为小高度自动扶梯(提升高度为 3~6 m)、中高度自动扶梯(提升高度为 6~20 m)和大高度自动扶梯(提升高度大于 20 m)。

3.1.3　自动扶梯的主要参数

自动扶梯的主要参数有名义速度、倾斜角、提升高度、名义宽度、最大输送能力等。

1. 名义速度

名义速度是由制造商设计确定的,是自动扶梯的梯级在空载(例如:无人)情况下的运行速度。通常有 0.5 m/s、0.65 m/s、0.75 m/s 三种,最常用的为 0.5 m/s。当倾斜角为 35°时,其额定速度为 0.5 m/s。

2. 倾斜角

倾斜角(α)是梯级、踏板或胶带运行方向与水平面构成的最大角度。一般自动扶梯的倾斜角有 27.3°、30°、35°三种,其中倾斜角为 30°和 35°的最为常用。若提升高度超过 6 m 时,则倾斜角不大于 30°。

3. 提升高度

自动扶梯进出口两楼层板之间的垂直距离称为自动扶梯的提升高度(H)。

4. 名义宽度

梯级或踏板的宽度称为自动扶梯的名义宽度(Z_1)。自动扶梯的名义宽度有 400 mm、600 mm、800 mm、900 mm、1000 mm、1200 mm 等规格。

5. 最大输送能力

在正常运行条件下,自动扶梯每小时能够输送的最大人员流量称为它的最大输送能力(C_1)。GB 16899—2011《自动扶梯和自动人行道的制造与安装安全规范》中给出自动扶梯的最大输送能力如表 3.1 所示。

表 3.1 自动扶梯的最大输送能力

名义宽度(Z_1)/m	各名义速度(V)下的最大输送能力		
	0.5 m/s	0.65 m/s	0.75 m/s
0.6	3600 人/时	4400 人/时	4900 人/时
0.8	4800 人/时	5900 人/时	6600 人/时
1.0	6000 人/时	7300 人/时	8200 人/时

3.2 驱动系统

1. 驱动工作原理

自动扶梯的驱动系统主要是驱动装置,其作用是将动力传递给梯路系统及扶手系统。自动扶梯由两组传动系统组成:一组是梯级链传动系统,是由梯级驱动轮带动梯级链运转,梯级链拖动一串梯级形成梯级运行的闭环;一组是扶手带传动系统,由扶手带驱动轮通过摩擦方式驱动扶手带形成扶手带运行的闭环。自动扶梯传动原理如图 3.4 所示。

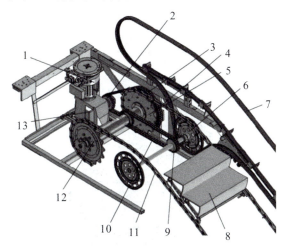

1—电机;2—驱动链轮;3—驱动链;4—双排链轮;5、10—梯级链轮;6—摩擦轮;
7—扶手带;8—梯级;9—扶手链轮;11—扶手传动链;12—主传动轴;13—减速器。

图 3.4 自动扶梯传动原理

(1)主机运行,带动驱动主轴运转。主机与驱动主轴之间的传动有两种:一种是通过链传动,称为"非摩擦传动"(双排链或两根以上单链);另一种是通过 V 带传动,称为"摩擦传动"(V 带不得少于三根,不得用平带)。

(2)在驱动主轴上装有左右两个梯级驱动链轮和一个扶手带驱动链轮,梯级和扶手都由同一个驱动主轴拖动,使两个传送带的线速度保持一致。左右两个梯级驱动链轮分别带动左右两条梯级链,左右两条梯级链的长度一致,梯级安装在梯级链上。

(3)驱动主轴上的扶手带驱动链轮带动扶手带摩擦轮,通过摩擦轮与扶手带的摩擦,使扶手带以与梯级同步的速度运行。

梯级沿着梯级导轨运行,扶手带沿扶手导轨运行,各自形成自己的闭环。具体线路为①电动机—减速器—驱动链轮—驱动链—双排链轮—主传动轮—梯级链轮—梯级链—梯级运转。②电动机—减速器—驱动链轮—驱动链—双排链轮—主传动轮—小链轮—扶手传动链—扶手链轮—扶手传动轴—扶手带摩擦驱动轮—扶手带运转。

2.驱动主机

驱动主机(以链条式为例)是自动扶梯的动力装置,主要由电机风扇、减速箱、工作制动器和驱动齿轮等组成,如图 3.5 所示。按电动机的安装位置可以分为立式主机与卧式主机,目前采用立式驱动主机的居多。其优点是结构紧凑、占地少、重量轻、便于维修、噪声低、震动小,尤其是整体式驱动机,其电动机转子轴与蜗杆共轴,因而平衡性很好,且可消除震动及降低噪声;承载能力大,小提升高度的扶梯可由一台驱动主机驱动,中提升高度的扶梯可由两台驱动主机驱动。

1—电机风扇;2—吊装环;3—抱闸;4—减速箱;5—驱动齿轮;
6—工作制动器;7、8、9—安全保护装置;10—主机保护盖。

图 3.5　驱动主机

3. 减速器

自动扶梯由于运行速度很低,通常驱动主机都带有减速器,主要有蜗轮蜗杆减速器、螺旋伞齿/锥齿减速器,还有行星齿轮减速器。

由于蜗轮蜗杆减速器具有运转平稳、噪声小及体积小等优点,虽然效率较低,能量损耗高,但仍然应用较多。螺旋伞齿/锥齿减速器与涡轮蜗杆减速器相比,效率提高15%,在同样载重情况下,消耗能量更少,一台扶梯在正常使用情况下平均节能30%。行星齿轮减速器传动效率高、结构紧凑、传动平稳、噪声小,扶手带和梯级链驱动轮同步运行,且无链传动。但结构复杂,成本高。

4. 驱动链

驱动链条基本上采用的是标准多排套筒滚子链,安全系数大于5;如果采用V形皮带,安全系数大于7,且不少于3根。还需要设置附加制动器。当链条需要承受较大载荷、传递较大功率时,可使用多排链。多排链相当于几个普通的单排链彼此之间用长销轴连接而成。其承载能力与排数成正比,但排数越多,越难使各排受力均匀,因此排数不宜过多($N<4$),否则链受力不均,常用的有双排链和三排链。目前郑州轨道交通采用的是双排链。如图3.6所示为自动扶梯的驱动链。

图3.6 自动扶梯的驱动链条

3.3 桁架

桁架结构是自动扶梯的支承部分,一般由角钢、型钢或方形与矩形管等焊接而成。桁架有分体桁架与整体桁架两种,如图3.7和图3.8所示。分体桁架一般由上平台(驱动段)、中部桁架与下平台(张紧段)组成。根据地铁车站埋深的不同,自动扶梯提升的高度也不同,对于提升高度大的换乘站,还需要额外的土建支撑结构,即中间支撑,用于承担自重和乘客载荷。桁架要求具有不低于40年的工作寿命,在紧急情况下作固定楼梯用,必须能够承受人员在梯级上奔跑的冲击。

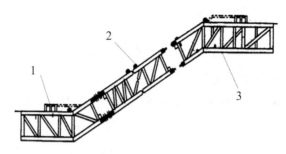

1—下平台(张紧段);2—中部桁架;3—上平台(驱动段)。

图 3.7 分体桁架

图 3.8 整体桁架

一般为了结构的精度,只要运输、安装条件许可,会把自动扶梯的金属结构架,上、中、下三段骨架在制造厂拼装在一起或焊成一体成为整体桁架。两端利用承载角钢支撑在建筑物的承重梁上,形成两端支撑结构,如图3.8所示。当金属结构架的提升高度超过6 m时,需在金属结构架与建筑物之间安装中间支承,用以加强金属结构架的刚度。

地铁车站由于空间小,在进入地下通道时需要考虑通道转角对桁架长度的限制,一般不具备整梯运输和安装的条件。因此,自动扶梯在工厂完成组装后需要做分段。一般上、下各一段,中间桁架根据需要分成一段、两段或三段。分段运输时,还需考虑运输台车的高度,其运输总高度不能超过隧道的高度。

桁架是自动扶梯内部结构的安装基础,它的整体和局部刚性的好坏对扶梯性能影响较大,因此一般规定它的挠度控制在两支撑距离的1/750范围内,对于公共型自动扶梯要求控制在两支撑距离的1/1000范围内。重载型自动扶梯一般要求桁架挠度不大于支承距离的1/1500。郑州地铁车站所采用的扶梯挠度控制在两支撑距离的1/1500范围内。

桁架的主要材料为碳素结构钢,连接方式是焊接。焊接时,必须采用连续双面焊,以保证焊缝的强度,防止桁架在工作中发生焊缝开裂,同时还能保证焊缝完整密闭,防止型材搭接部分锈蚀。焊接完成后,桁架整体进行热浸镀锌处理,表面进行抛丸、喷砂处理,并延长浸锌时间,降低锌温,有效地保证锌层厚度不小于100 μm;所有与桁架连接的焊接件在镀锌之前全部焊好,避免后焊破坏锌层;按照规范要求,在无特殊腐蚀性气体环境下,外置桁架锌层年腐蚀厚度不大于

2 μm,故 100 μm 镀锌可保证 40 年以上使用寿命。

3.4 运载系统

运载系统由梯级、梯级链、梯路导轨系统、梳齿板及楼层板等组成。自动扶梯运行时,梯级链将驱动主机的动力传送给梯级,使梯级沿着梯路导轨系统运行,从而可以安全快速地运输乘客。

微课:自动扶梯运载系统及扶手系统

1. 梯级

梯级是直接与乘客接触的运动部件,是乘客站立的移动平台。它是一种特殊形式的四轮小车,有两只主轮和两只辅轮。通过梯级链条与主轮的轮轴铰接而带动梯级沿导轨运行,而辅轮支承着梯级上的乘客也沿着导轨运行,通过梯路导轨的设计,使自动扶梯上分支的梯级保持水平,而在下分支中将梯级悬挂。梯级高度不小于 0.24 m,深度不小于 0.38 m。

梯级由踏板、踢板、梯级支架和主、辅轮组成(图 3.9)。整体式梯级是将踏板、踢板和梯级支架三者于一体压铸而成的。分体式是将上述三者拼装组合而成的。整体式梯级相比分体式梯级,有加工快、精度高、自重轻等优点。梯级两侧用黄色安全标志线来警戒正确的站立区域,安全标志可用黄漆喷涂在梯级脚踏板周围,也可用黄色工程塑料制成镶块镶嵌在梯级脚踏板周围。

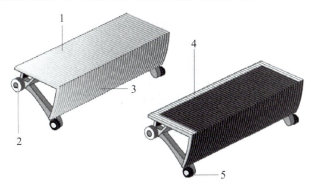

1—踏板;2—主轮;3—踢板;4—黄色安全标志线;5—辅轮。

图 3.9 梯级的基本结构

(1)供乘客站立的面称为踏板,其表面应具有节距精度较高的凹槽,它的作用是使梯级通过上下出入口时,能嵌在梳齿中,使运动部件与固定部件之间的间隙尽量地小,以避免对乘客的脚产生夹挤等伤害。另外,凹槽还可以增加乘客与踏板之间的摩擦力,防止脚产生滑移。槽的节距应有较高精度,一般槽深为 10 mm,槽宽为 5~7 mm;槽齿顶宽为 2.5~5 mm。

(2)踢板面为圆弧带齿的面。在梯级踏板后端做出齿形,这样可以使后一个梯级踏板前端的齿嵌入前一个梯级踢板的齿槽内,使各梯级间相互进行导向。大提升高度自动扶梯的踢板有做成光面的。在运动中,踏面与踢板以齿相啮合(图 3.10),在梯级进入上下水平段时,以齿槽与梳齿板的梳齿相啮合,这样确保了梯级在运动全过程中都不会出现连续缝隙。同时踏板表面上的齿槽具有一定的防滑功能,使乘客不易在梯级上滑倒。

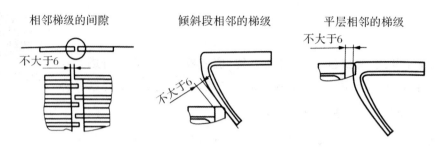

图 3.10 梯级在运动中与相邻梯级间的啮合(尺寸单位:mm)

(3)梯级支架是梯级的主要支承结构,由两侧支架和以板材或角钢构成的横向连接件组成。

(4)一只梯级有四只车轮,两只铰接于牵引链条上的为主轮,两只直接装在梯级支架短轴上的为辅轮。自动扶梯梯级轮工作特性是转速不高,一般为 80～140 r/min,但工作载荷大(至 8000 N 或更大),外形尺寸受到限制(直径 70～180 mm)。目前郑州轨道交通采用的是金属轮毂式滚轮。原因是金属轮毂有较强的承载能力。轮缘是防油的聚氨酯,采用防水防尘轴承,用来提高滚轮的寿命。图 3.11 为金属轮毂式滚轮示意图。

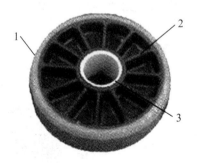

1—轮缘;2—轮毂;3—轴承。

图 3.11 金属轮毂式滚轮

2.梯级链

梯级链也称牵引链条,是指位于自动扶梯两侧的链条,连接梯级并由梯级链轮驱动,如图 3.12 所示。按照梯级主轮的安装位置区分,有置于梯级链条内侧的形式,称为滚子链,见图 3.13;也有置于两个链片之间的形式,称为滚轮链,见图 3.14。置于梯级链条内侧的结构,其主轮直径可选用较大的,例如直径为 100 mm 或更大,它可以承受较大的轮压;也可以使用大尺寸的链片,这适用于公共交通型的自动扶梯。置于梯级链条两个链片之间的结构,其主轮既是梯级的承载件,又是与牵引链条相啮合的啮合件,因而主轮直径受到限制,这适合于一般提升高度的自动扶梯。

项目三　城市轨道交通自动扶梯设备

图 3.12　梯级链

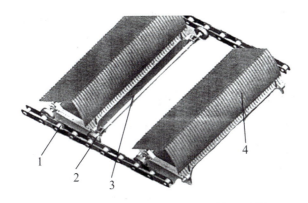

1—滚子链；2—梯级链滚轮；3—梯级轴；5—梯级。

图 3.13　滚子链式梯级链（滚轮外置式梯级链）

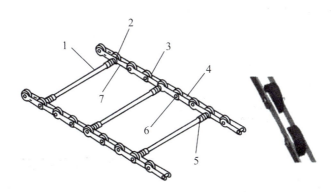

1—梯级轴；2—梯级链主轮；3—梯级链辅轮；4—外链板；5—梯级安装连接件；6—销轴；7—内链板。

图 3.14　滚轮链式梯级链（滚轮内置式梯级链）

端部驱动装置所用的牵引链条一般为套筒滚子链，它由链片、销轴和套筒等组成。在我国自动扶梯制造业中，一般都采用普通套筒滚子链，因为这种链条具有较高的可靠性且安装方便。目前所采用的牵引链条分段长度一般为 1.6 m，为了减少左右两根牵引链条在运转中发生偏差而引起梯级的偏斜，对梯级两侧同一区段的两根牵引链条的长度公差应该进行选配，保证同一区段两根牵引链条的长度累积误差尽量接近,所以牵引链条在生产后出厂时,就应标明选配的长度公差。套筒滚子链链条结构如图3.15所示。

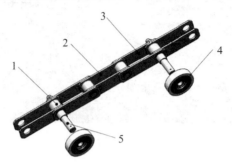

1—滚轮;2—内链板;3—外链板;4—梯级链滚轮;5—梯级轴销(由止动圈固定)。

图3.15 套筒滚子链链条结构

3.前沿板及楼层板

(1)前沿板。为了确保乘客上下自动扶梯的安全,必须在自动扶梯进、出口设置梳齿前沿板,它包括梳齿、梳齿板、前沿板三部分,如图3.16所示。梳齿的齿应与梯级的齿槽相啮合,齿的宽度不小于2.5 mm,端部修成圆角,保证在啮合区域即使乘客的鞋或其他物品在梯级上相对静止,也会平滑地过渡到楼层板上。一旦有物品不慎阻碍了梯级的运行,梳齿被抬起或位移,触发微动开关切断电路使扶梯停止运行。梳齿的水平倾角不超过40°,梳齿可采用铝合金压铸而成,也可采用工程塑料制作。梳齿板被固定支撑在前沿板上并固定梳齿,水平倾角小于10°,梳齿板的结构可调,保证梳齿啮合深度大于6 mm(图3.17)。

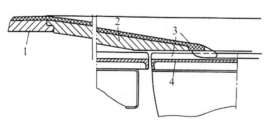

1—前沿板;2—梳齿板;3—梳齿;4—梯级踏板。

图3.16 梳齿前沿板结构示意图

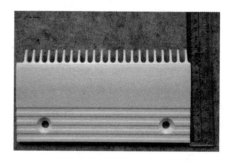

图3.17 梳齿

(2)楼层板。楼层板,又称踏板或盖板,主要是供人站立和通过、保障安全。此外还具有装饰作用,如图3.18所示。另外,也有一些人性化的设计,如有独特的导乘指示设计可指引乘客更安全地乘梯等。不同厂家的产品花纹不尽相同,也可以根据客户要求设计花纹或者展示楼层信息甚至广告内容等。

楼层板之间通过插扣接缝拼接成为一体,提高强度,能减少直接进入机房的泥沙和水。车站出入口的自动扶梯机房盖板都有防盗措施,盖板采用嵌入式的锁装置,不影响乘客进出扶梯。只有专用钥匙才能打开机房盖板。当用专用钥匙打开楼层板时,扶梯不能运行,只能用维修控制盒操纵。

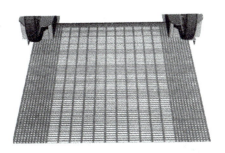

图 3.18　楼层板

3.5　扶手装置系统

扶手装置是装在自动扶梯两侧的特殊结构形式的带式输送机,供乘客乘自动扶梯时扶握,与梯级同步运行,同时也构成扶梯载客部分的护臂,是重要的安全设备,尤其在乘客出入自动扶梯的瞬间,扶手的作用显得更为重要。扶手装置系统由驱动装置、扶手带、护壁板、围裙板、内盖板、外盖板等组成,如图 3.19 所示。

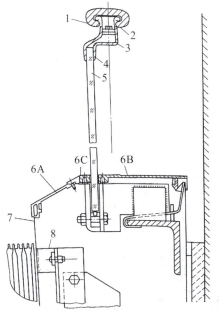

动画:自动扶梯扶手系统

1—扶手带;2—扶手带导轨;3—扶手支架;4—玻璃垫条;5—钢化玻璃;
6A—斜盖板;6B—外盖板;6C—内盖板;7—围裙板;8—安全保护装置。

图 3.19　扶手装置系统

1. 扶手带

扶手带是边缘向内弯曲的封闭型橡胶带,扶手带结构外层是天然(或合成)橡胶层,内层是帘布和多股钢丝或薄钢带作为抗拉层,里层是帆布或锦纶丝制品作为滑动层(图 3.20)。扶手带必须选用高强度、在使用中几何形状稳定、耐老化及具有阻燃性的材料制成。扶手带破断拉力至少为 2500 N。

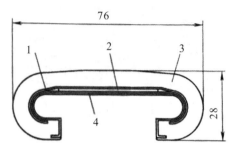

1—内层;2—抗拉层;3—面胶层;4—滑动层。

图 3.20 扶手带

扶手带的质量,诸如物理性能、外观质量、包装运输等,必须遵循有关技术要求和规范。扶手带开口处与导轨或扶手架的间隙,在任何情况下不得超过 8 mm,在运动中不能挤压手。

2. 扶手带驱动装置

扶手带与梯级为同一驱动装置驱动,扶手带驱动方式常见有两种:一种是曲线压带式,另一种是直线压带式。在正常运行条件下,扶手带的运行速度相对于梯级、踏板的实际速度允差为 0～2%。即扶手带的运行速度应与梯级同步或略微超前于梯级。如果相差过大,扶手带就失去意义,尤其是比梯级速度慢时,会使乘客手臂后拉,易造成事故。为防止偏差过大,要求有扶手带速度监控装置予以监控。

(1)曲线压带式扶手带驱动工作原理如图 3.21 所示,通过驱动主轴上的扶手带牵引链轮和传动链将动力传递给扶手带驱动轴,扶手带驱动轴上的驱动轮(摩擦轮)驱动扶手带与梯级同步运动。由于扶手带与驱动轮是靠摩擦力来传递运动的,因此,要求扶手带驱动轮缘有耐油橡胶摩擦层,以其高摩擦力保证扶手带与梯级同步运行。为使扶手带获得足够摩擦力,在驱动轮扶手带下面,另设有压带轮组,扶手带的张紧度由压带轮组中一个带弹簧和螺杆的张紧装置进行调整,以确保扶手带同步工作。

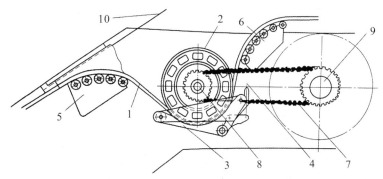

1—扶手带;2—摩擦轮;3—压带轮组件;4—压带张紧装置;5—张紧滚轮组件;6—换向滚轮组件;
7—扶手带驱动链;8—扶手带驱动轴;9—驱动主轴;10—扶手带张紧装置。

图 3.21 曲线压带式扶手带驱动

扶手带整条圆周长度,根据自动扶梯提升高度的不同,少则十几米,多则上百米,所需的驱动力也相当大。为了减少摩擦阻力,在直线段设有扶手带导向部件给予支撑和减少摩擦;在扶手带转向处设有导向滚动轮组;在扶手带回转区域内全部增加导向条,以减少由于扶手带抖动和弯曲而增加的运动阻力。

(2)直线压带式扶手带驱动也是利用摩擦力来驱动的,与曲线压带式驱动相比,直线压带式驱动具有弯曲点数少、运行阻力小、传动效率高的特点,如图 3.22 所示。

 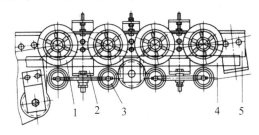

1—驱动轮;2—压带机构;3—压带轮;4—传动链条;5—扶手带。

图 3.22 直线压带式扶手带驱动

3.扶手支架与导轨

扶手支架大多是采用合金或不锈钢经压制加工而成,用于连接扶手导轨、固定护壁板及扶手照明装置的部件。扶手导轨一般采用冷拉型材或用不锈钢经压制而成,它安装在扶手支架上,起着导向扶手带的作用。

4.护壁板

护壁板一般采用一定厚度的钢化玻璃经拼装而成,也有根据使用场所的需要采用不锈钢板材制作的护壁板。选用的钢化玻璃应具有良好的刚性和强度且耐高温。

5.扶手带张紧装置

扶手带张紧装置是确保扶手带正常运行的机件。消除因制造和环境变化产生的长度误差,避免因扶手带过松,造成扶手带脱轨,过紧则表面磨损严重且运行阻力增大,以及扶手带与梯级同步性超标等。因此扶手带安装时张紧力的调整十分重要。

6. 围裙板、内盖板、外盖板

围裙板是与梯级(踏板或胶带)两侧相邻的围板部分。它一般用 1~2 mm 的不锈钢板材料制成,它既是装饰部件又是安全部件。为了确保扶梯的安全运行,围裙板与梯级的单边间隙应不大于 4 mm,两边间隙之和不大于 7 mm。

内盖板是连接围裙板和护壁的盖板。外盖板是扶手带下方的外装饰板上的盖板。内盖板与围裙板之间用斜盖板连接,有时也用圆弧状板连接。内、外盖板和斜盖板一般用铝合金型材或不锈钢板制成,起到安全、防尘和美观的作用。

3.6 电气控制系统

自动扶梯运行时状态变化不多,但由于它是运送人的设备,因此设计中首先要考虑的是系统是否安全及部件异常时是否可以防止事故的发生,在确保安全的前提下再进行功能设计。电气控制系统由控制柜、控制按钮电气元件等组成,主要具有对电动机实行驱动控制、对运行实行安全监测和安全保护、对关停和运行方式实行操控等功能。具体如下:

微课:自动扶梯的驱动系统及电气控制系统

①给自动扶梯供电;
②控制自动扶梯的运行速度、运行方向及停止;
③监测异常事件,及时使自动扶梯停止;
④与其他设备和系统一起控制自动扶梯的状态或者接受远程控制;
⑤控制自动扶梯的检修操作;
⑥控制自动扶梯的照明;
⑦早期自动扶梯采用继电器控制,系统稳定可靠,但是功能单一。目前自动扶梯都采用微机+PLC 模式。

自动扶梯电气控制系统与电梯电气控制系统相比区别主要体现在:
①自动扶梯基本上不带动载启动;
②自动扶梯的运行速度保持不变;
③自动扶梯不频繁启制动,无加减速度问题;
④自动扶梯正常运行时不需要改变运行方向;
⑤自动扶梯无开关门系统;
⑥自动扶梯不需要信号登录及信号显示系统(自动启动式自动扶梯除外);
⑦自动扶梯不需要考虑其运行位置及运行状态。

因此,自动扶梯的电气控制系统相对电梯来说简单得多,主要包括自动扶梯主电路原理图,运行控制回路原理图,安全保护回路和照明电路。这些电气元件标志和导线端子编号应清晰,并与技术资料相称。

3.6.1 电机驱动

按电动机的驱动方式可将自动扶梯的电控系统分为直接驱动方式和变频驱动方式两种。

1. 直接驱动方式

通过接触器,将电网的 380 V 电源直接接入电动机进行扶梯驱动。在该方式下,自动扶梯只能以额定速度运行。

2. 变频驱动方式

通过变频器对电动机进行速度控制。在该方式下,自动扶梯可以多种速度运行,如在无人的时候以节能速度运行,从而达到节能的目的。

3.6.2 安全回路

自动扶梯有很多安全装置,将这些安全装置串接在一起,就形成了自动扶梯的安全回路,也就是安全保护系统。它可以直接对自动扶梯的电动机、接触器电源进行控制。即使控制微机出现了问题,系统也能安全制动。常见的自动扶梯电气安全装置有主驱动链断链保护、扶手带入口保护、梯级链安全保护、梳齿板安全保护、防逆转保护、急停按钮等。具体参见 3.7 安全保护装置。

3.6.3 电气控制系统中的主要部件

1. 钥匙开关

钥匙开关的主要作用是正常启动和停止自动扶梯,因此,一般的钥匙开关配有上行、下行的操作指引。为了提高安全性,有些厂家的钥匙开关还带有警鸣器。自动扶梯钥匙开关设置在自动扶梯的上下端部,由专人进行操作(图 3.23)。一般的钥匙开关是弹簧式的自复位开关,有自动复位型和锁定型两种。

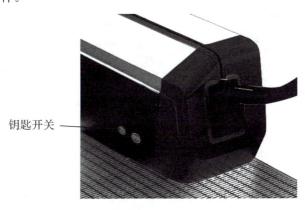

图 3.23 钥匙开关

(1)自动复位型。钥匙旋到指定位置后,自动恢复关断状态,对于电信号而言,输出的是脉冲信号。

(2)锁定型。钥匙旋到指定位置后,保持开通状态,对于电信号而言,输出的是电平信号。

2. 急停开关

急停开关位于自动扶梯两端出入口处的裙板上,乘客在遇到紧急情况时,可按下急停按钮,制停自动扶梯。按照规范要求,在自动扶梯的两端必须设置一个急停装置,装置之间的距离不应超过 30 m。也就是说,在高扬程的自动扶梯上,如果两端的距离超出上述要求,需要在自动扶梯中部增加一个急停按钮(图 3.24)。

图 3.24　急停按钮

3. 检修控制盒

自动扶梯或自动人行道应设置带停止开关的便携式手动操作的检修装置,即检修控制盒(图 3.25),操作元件只能在用手按压的时间内运转,开关的指示装置上应有明显识别运行方向的标记,能防止意外动作的发生。驱动站和转向站均应至少设置一个检修插座。所有的检修插座应这样设置:当连接一个以上的检修装置时,要么都不起作用,要么需要同时启动才起作用。与检修插座相连的便携式控制装置的柔性电缆的长度应不少于 3 m,并能使检修装置到达自动扶梯或自动人行道的任何位置。当使用检修控制装置时,其他所有的启动开关应不起作用。安全开关和安全电路在检修运行时应仍有效。

 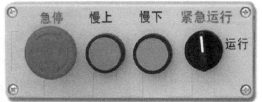

图 3.25　检修控制盒

检修控制盒盒体上有四个按钮,它们分别是"急停""上行""下行"和"运行",其中后三个开关是自动复位式按钮开关。按下"运行"与"上行"(或"下行")按钮,便能使自动扶梯以维修速度运行。"急停"按钮是非自动复位的,按下后自动扶梯不能启动,只有将其手动复位后,才能使用其他三个开关让扶梯以维修速度上行或下行。

当扶梯需要做检修状态下运行时,拉下检修插座上的插头,将手动控制装置插头插入检修插座上,即可使扶梯按点动方式做检修运行。在扶梯进行机械或电气检修时,手控装置中的"停止"按钮常闭触点应处于断开状态,切断控制回路,防止事故发生。

4. 限位开关

在自动扶梯上,一般的安全开关都会使用限位开关,其主要的选型参数有额定电流、额定电压、操作行程、动作力等。限位开关属于机电部件,同时又属于安全部件。因此,电气、机械等方面的配合都要仔细确认。如果用在室外,还需要采用较高的外壳防护等级。

5. 检修插座

检修插座有两种:一种是检修操作用的插座,另一种是检修电源用的插座。

(1)检修操作用的插座。用于室外梯的检修插座,由于需要防水,插座是有盖的。检修操作用的插座专用于维修控制盒(维修操纵开关盒)。

(2)检修电源用的插座。在自动扶梯中,一般会提供 10 A 的检修电源(220 V),该检修电源与自动扶梯的动力电源通过两个不同的断路器分别控制。

6. 自动启动方式

自动启动是指因使用者的进入而自动启动或加速的自动扶梯。目前,大部分自动扶梯是通过漫反射型光电传感器或压电电缆传感器进行有无乘客探测的,传感器类型有以下几种:

(1)漫反射型光电传感器。该类型传感器属于自发自收类型,传感器发出红外线,经物体反射后返回传感器,通过该方式进行乘客探测。漫反射型的探测范围较大,其探测距离是可调的,在扶梯上一般有效水平距离设置约为 1500 mm,有效高度约为 650 mm,当人体进入这个范围时,缓慢行驶的扶梯开始加速。在人员达到梳齿与踏板相交线时扶梯应以不小于名义速度 0.2 倍的速度运行,然后以不小于 0.5 m/s² 的加速度加速。

(2)压电电缆传感器。压电电缆传感器安装在楼层板下面,当有乘客走上楼层板时,传感器受到压力产生信号。这种传感器反应比较灵敏,不受光线和灰尘的影响。

自动启动的运行方向应预先确定,并有明显、清晰可见的标记。

3.7 安全保护装置

在人们乘坐自动扶梯与自动扶梯部件接触、碰撞时以及自动扶梯速度突然变化时,都存在安全隐患。因此,自动扶梯设备应有可靠的机电安全保护装置,避免各种潜在的危险事故发生,确保乘用人员和设备的安全,并把事故对设备和建筑物的破坏降到最低。

微课:自动扶梯安全保护系统

1. 工作制动器

工作制动器是自动扶梯必须配置的制动器,有带式制动器、盘式制动器和块式制动器三种结构形式。带式制动器是较为常用的一种制动器,制动力为径向方向,具有结构简单、紧凑、包角大等特点。若要增大摩擦力,可在制动钢带上铆接制动衬垫去实现;盘式制动器的方向是轴向方向,具有结构紧凑、制动平稳灵敏、散热好等特点;块式制动器是抱闸式制动器,它与电梯曳引机上的制动器相似,具有结构简单、制造与安装维修方便等特点,一般应用在立式蜗轮减速器和卧式斜齿轮减速器上,安装在自动扶梯上端部机房,工作制动器多采用这种形式(图3.26)。

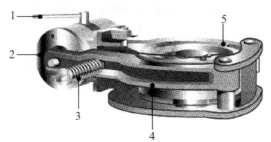

1—手动释放杆;2—制动刹车电磁铁;3—压缩弹簧;4—制动刹车抱闸;5—制动闸片。

图 3.26 工作制动器

工作制动器都采用常闭式。在自动扶梯运行时,持续通电,制动器释放,使之运转。《自动扶梯和自动人行道的制造与安装安全规范》中对工作制动器有三个方面的明确要求:

(1)制动载荷规定。规定各种规格自动扶梯在制动时每个梯级上的最大允许载荷。

(2)制停距离规定。根据自动扶梯运转速度的不同,制停距离必须在一定的范围内,例如名义速度是 0.5 m/s 的扶梯,制停距离要求在 0.2~1 m。

(3)制动减速度规定。自动扶梯向下运行时,制动器制动过程中沿运行方向的减速度不应大于 1 m/s^2。

2. 附加制动器

在驱动机组与驱动主轴间使用传动链条进行连接时,一旦传动链条突然断裂,两者之间即失去联系。此时,即使有安全开关使电源断电,电动机停止运转,但无法使自动扶梯梯路停止运行。特别是在有载上升时,自动扶梯梯路将突然反向运转和超速向下运行,导致乘客受到伤害。在这种情况下,如果在驱动主轴上装设一只或多只制动器,该制动器直接作用于梯级踏板或胶带驱动系统的非摩擦元件上,使其整个停止运行,则可以防止上述情况发生,这个制动器就是附加制动器。附加制动器应在制动力作用下,有载自动扶梯以有明显感觉的减速度停止下来,且最终保持在静止状态。附加制动器应该是机械式的,利用摩擦原理通过机械结构进行制动。附加制动器在开始动作时,应强制性地切断控制电路,除电源发生故障或安全电路失效的情况以外,附加制动器动作时,不要求所规定的制停距离。

附加制动器在下列情况下设置:

(1)梯级、踏板或胶带驱动轮之间不是用轴齿轮、多排链条、两根或两根以上的单根链条连接的。

(2)工作制动器不是使用机电式制动器的。

(3)公共交通型自动扶梯。

(4)提升高度超过 6 m。

附加制动器应在下列两种情况下产生作用:

(1)在速度超过额定速度的140%之前。

(2)梯路突然改变其规定的运行方向时。

3.超速保护装置

自动扶梯如因驱动链断裂,传动元件断裂、打滑,电机失效等原因发生超速,应在其速度超过额定速度的1.2倍之前自动停车。超速保护装置实际上是一种速度监控装置,当速度运行超过额定速度的1.2倍时,能切断自动扶梯电源。超速保护装置有电子式和机械式两种,它可以设在驱动主机上,也可以设在驱动轮上等(图 3.27)。

图 3.27 超速保护装置

4.防逆转保护装置

防逆转保护装置是防止扶梯改变规定运行方向而自动停止扶梯运行的装置,如图3.28所示。其中,速度监测装置采用接近式开关,安装在驱动电动机飞轮下,利用测速原理,通过飞轮能周期性通过接近式开关来接收信号,对扶梯运行速度进行监控,从而发挥其逆转保护作用。当自动扶梯发生逆转时,驱动主机将会从额定速度减为零速,然后反向运转。将一个低于额定速度的速度值设为接近式开关动作的临界点,在逆转过程中,达到该临界点时,接近式开关动作,切断制动器电源和主机电源,使扶梯停止运行。

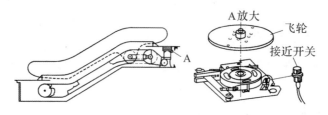

图 3.28　防逆转保护装置

5.梯级链保护装置

梯级链由于长期在大负荷状况下使用,不可避免地会发生链节及链销的磨损、链节的塑性伸长等现象;当自动扶梯上行时,梯级链条在绕入链轮啮合处承受最大的工作应力,断链事故基本都在此处发生。通常将梯级链过度伸长和断链保护设置在一起,安装于下端站的转向盘后端。梯级链因磨损而过分伸长时,梯级链张紧装置后移,使梯级链保持足够的张紧力,当后移距离超过设定值时,安全开关动作,使自动扶梯停止,故障排除后将安全开关手动复位。梯级链保护装置如图 3.29 所示。

图 3.29　梯级链保护装置

6.梳齿板保护装置

梳齿板保护装置的作用是当异物卡在梳齿板和梯级之间,造成梯级不能与梳齿板正常啮合时,梯级的前进力将推动梳齿板抬起或后移,使微动开关动作,扶梯停止运行,达到安全保护目的。通过调整梳齿板开关(图 3.30)弹簧的长度,实现触动压力的调整。

1—梳齿板检测开关;2—固定钢板;3—触发检测开关的连杆装置。

图 3.30　梳齿板开关

7. 扶手带入口保护装置

通常情况下，人的手不会触碰扶手带的出入口，而小孩可能因为好奇会用手去摸，使手和手臂可能被扯入。扶手带入口的毛刷挡圈不应与扶手带相摩擦，其间隙应不大于 3 mm。每个扶手带入口处内部都有一个安全开关，一台自动扶梯一共有四个出入口，一旦有异物从扶手带入口进入时，则入口保护向里微动滑移，进而触及安全开关，使其动作，达到断电停运的目的。扶手带入口保护装置如图 3.31 所示。一般 30～50 N 的外力就能使微动开关动作。

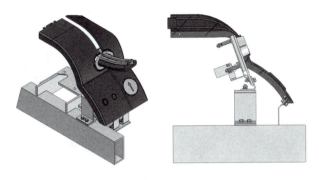

图 3.31　扶手带入口保护装置

8. 扶手带断带与速度检测装置

公共交通型自动扶梯一般都设有扶手带断带保护装置，一旦扶手带断裂，紧靠在扶手带内表面的滚轮摇臂就会下跌，安全开关动作，使自动扶梯停止运行。扶手带正常工作时应与梯级同步。如果相差过大，特别是在扶手带速度过慢时，会将乘客手臂向后拉导致摔倒。因此设置扶手带速度检测装置，扶手带与梯级的速度允差为 0～2%，超过这个范围为不正常状态。

9. 裙板安全毛刷

梯级与裙板（围裙板）之间存在一定的间隙，为了防止乘客的脚或其他的尖锐物体夹入梯级与围裙板之间的间隙内，可以选择在围裙板上配置裙板安全毛刷（图 3.32）。自动扶梯必须安装裙板安全毛刷。裙板安全毛刷有单排和双排之分，双排毛刷保护作用更强。

图 3.32　裙板安全毛刷

10. 裙板保护装置

自动扶梯围裙板设置在梯级或踏板两侧,自动扶梯工作时,所有梯级与裙板不得发生摩擦,运动的梯级与静止的裙板之间应具有一定间隙。为防止异物夹入梯级与围裙板之间的间隙,在裙板反面机架上安装有安全开关,当异物卡入时,裙板发生弹性变形,当超过一定变形量后,使安全开关动作,自动扶梯立即停车。一般自动扶梯生产厂家在自动扶梯的上部和下部装有四个裙板开关。当被挤压位置距离开关较远时,就难以起到保护作用。因此,裙板保护装置(图3.33)的配置不是强制性的,而是一种辅助性的安全装置。

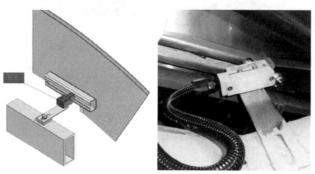

图 3.33　裙板保护装置

11. 梯级塌陷保护装置

梯级塌陷是指梯级滚轮外圈的橡胶剥落、梯级滚轮轴断裂等情况发生时,会造成梯级下沉故障,而发生意外事故。当发生故障时候,下沉部位撞击碰杆,使碰杆摇摆并带动转轴旋转一定角度,轴上的凹块的安全开关的触头动作,从而达到断电停机的目的,如图3.34所示。

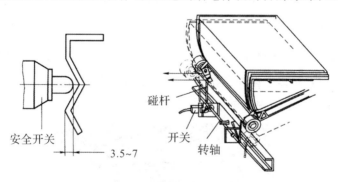

图 3.34　梯级塌陷保护装置

12. 梯级缺失监测装置

如维修时没有及时安装被拆卸的梯级,乘客可能因踩上没有梯级的缺口而跌入桁架。为了避免此类情况,自动扶梯应能通过装设在驱动站和转向站的装置检测梯级或踏板的缺失,并应在缺口(由梯级缺失而导致的)从梳齿板位置出现之前停止。图3.35为梯级缺失监测装置。

图 3.35　梯级缺失监测装置

13. 梯级与梳齿板照明

在梯路上下水平区段与曲线段的过渡处,梯级在形成阶梯或阶梯消失的过程中,乘客的脚往往踏在两个梯级之间而发生危险。因此,在上下水平区段的梯级下面装有绿色荧光灯,梯级与梳齿板间的照明如图 3.36 所示,可使乘客经过时看清相邻梯级的边界,及时调整站立位置。

图 3.36　梯级与梳齿板照明

另外,梳齿板、围裙板、扶手带及护壁板等处是对乘客造成危险伤害的高发区域,也应设置一定的荧光灯照明,以保证危险区具有足够的亮度,对乘客进行提醒。

14. 附加安全装置与设施

附加安全装置与设施是指与自动扶梯安装位置有关的安全措施,包括防止人员从护栏外部攀登自动扶梯、被自动扶梯与建筑物间的夹角位剪切、在水平外包板上滑行等的设施。

(1)阻挡装置。如图 3.37 所示,在两台自动扶梯之间或自动扶梯与相邻墙壁之间设置阻挡板,防止人员在此空隙从护栏外盖板攀登扶梯。

当自动扶梯与墙相邻,且外盖板的宽度 b_{13} 大于 125 mm 时,在上下端部应安装阻挡装置,防止人员进入外盖板区域。当自动扶梯为相邻平行布置,且共用外盖板的宽度 b_{14} 大于 125 mm 时,也应安装这种阻挡装置,该装置应延伸到高度 h_{10} 为 25~150 mm。

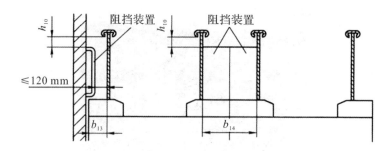

图 3.37 阻挡装置

(2)防滑行装置。如图 3.38 所示,当自动扶梯和相邻墙壁之间装有接近扶手带高度的扶手盖板,且建筑物(墙)和扶手带中心线之间的距离 b_{15} 大于 300 mm 时,应在扶手盖板上装设防滑行装置。该装置应包含固定在扶手盖板上的部件,与扶手带的距离不应小于 100 mm(见 b_{17}),并且防滑装置之间的间隔距离应不大于 1800 mm,高度 h_{11} 应不小于 20 mm。该装置应无锐角或锐边。对相邻自动扶梯扶手带中心线之间的距离 b_{16} 大于 400 mm 时,也应满足上述要求。

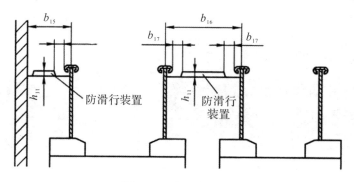

图 3.38 防滑行装置

(3)垂直防护板。当自动扶梯与建筑物楼板之间或相邻自动扶梯之间或与任何障碍物之间形成了夹角,扶手带外缘与其之间的距离小于 400 mm 时设垂直防护板,防止人员被剪切。垂直防护板应无锐利边缘,其高度应不小于 0.3 m,且至少延伸至扶手下缘 25 mm 处(图 3.39)。

图 3.39 垂直防护板

(4)警示标识。自动扶梯的出入口处,通常张贴各种警示标识(图3.40),提醒乘客在乘梯时需要注意的安全事项。如请握住扶手带、禁踩黄线、请勿推车乘梯、小心脚下等。

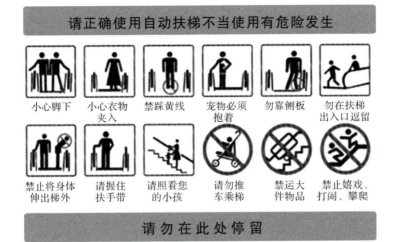

图 3.40　警示标识

3.8　城市轨道交通自动扶梯与各专业的接口

3.8.1　与环境设备监控系统的接口

BAS 系统是买方的车站设备监控系统。扶梯需向 BAS 系统提供扶梯监视信号。接口采用 RS 485 通信接口,通信协议为 MODBUS - RTU 协议。接口分界点在自动扶梯控制柜接线端子排上,自动扶梯提供 RS 485 通信接口,接口电缆由 BAS 系统负责设计;由 BAS 系统商提供车控室至扶梯间的 IBP 盘急停按钮与扶梯的接口电缆。自动扶梯卖方责任包括:

(1)按要求向 BAS 系统提供扶梯监视信号,并提供监视信号代码表。
(2)在 BAS 系统布线时进行施工配合。
(3)配合 BAS 系统的设计及联调。

3.8.2　与综合监控系统接口

IBP 盘是综合监控系统的控制装置,扶梯按要求向综合监控系统提供扶梯紧急停止接口。接口的分界点在自动扶梯控制柜接线端子排上。综合监控系统负责提供急停按钮。扶梯卖方的责任包括:

(1)实现扶梯接收 IBP 盘指令后紧急停止功能,包括实现功能所需电源的供给。
(2)对控制线提出规格要求。
(3)提供急停按钮的规格要求。

(4) 负责两端的接线。

(5) 配合综合监控系统的设计、施工及联调。

3.8.3　与低压配电系统的接口

低压配电系统给每台自动扶梯设有一个独立回路,并由低压配电专业将三相五线 380 V 的一条供电电缆拉到每台扶梯的上部机房。扶梯卖方的责任包括:

(1) 每台扶梯的输入功率、输出功率、功率因数、开关容量等应标注清楚。

(2) 向低压配电专业提供扶梯机房位置和电缆预留长度。

(3) 负责扶梯端的接线(并分出所需的 220 V 电源)。

3.8.4　与装修的接口

向装修部门提供经买方、设计人员确认后的扶梯安装大样图。

装修部门应根据扶梯安装大样图考虑与周边地面、侧墙及顶部的装修接口设计。侧墙接口界面划分:

(1) 站厅至站台的自动扶梯在桁架侧面的全高安装外包板(靠墙一侧扶栏顶面用外包板延伸至结构面,每平方米可承受 300 N 的荷载),两台扶梯并列布置时,两台扶梯的扶栏顶面用水平外包板相接。

(2) 出入口扶梯,靠墙一侧扶栏顶面用外包板延伸至结构面。靠步行楼梯一侧,在桁架侧面的全高安装外包板。

(3) 车站所有自动扶梯底部可视部分均安装外包板。

(4) 靠墙安装和并列安装扶梯的上、下水平段与墙或扶梯间的水平空隙,需计入外包板范围,表面应采用厚度不小于 3 mm 的不锈钢花纹板。

(5) 扶梯与三角房之间的连接装饰条,需计入外包板范围,表面采用厚度不小于 3 mm 的发纹不锈钢板。

(6) 外包板及盖板水平总宽度超过 300 mm 时应防止小孩爬上下滑,每隔 3 m 设一个凸台。当两扶梯无间隙并列布置,中间的盖板总宽度超过 300 mm 时,也应加设凸台。凸台纳入外包板范围。

(7) 外包板内不允许用木板或其他可燃材料支承或加固,外包板发纹方向为竖向。

(8) 应有足够的强度和刚度,在其表面任何部位,垂直施加一个 500 N 的力(非冲击力)在 25 cm^2 的面积上不应出现深度大于 4 mm 的凹陷或永久变形。

(9) 外包板无明显缝隙,在倾斜段接缝与斜面垂直,在弯曲段不能有接缝。

(10) 外包板使用发纹不锈钢板。厚度不小于 1.5 mm。

(11) 扶梯与扶梯周边结构及建筑装修接口用不锈钢板,厚度不小于 1.5 mm。

思政拓展：天门山穿山自动扶梯

张家界天门山是中外闻名的国家5A级旅游景区,每年都会接待大量中外游客。天门洞是天门山的主要景区,位于海拔1300余米的峭壁之上,气势磅礴,是罕见的高海拔穿山溶洞,通往天门洞的盘山公路弯多路险,但险中的奇景更是吸引游人参观。

天门山穿山自动扶梯全程在山体隧道中运行,从天门洞底直达山顶,共12段,扶梯梯级运行总长度为897 m,提升高度340 m,总跨度为692 m。由16台30 m超大高度重载公交型自动扶梯和3台20 m大高度重载公交型自动扶梯组成,拥有单向3600人/时的输送能力。

自动扶梯建成后可为游客节省大量时间,原来从最近的中转站步行至天门洞大约要两个小时,现在从缆车终点站换乘扶梯只需20多分钟即可到达景点,而且大大节省了游客体力。

天门山自动扶梯由中国民族品牌康力电梯根据和谐运输理念专门为天门山量身定做,集美学、安全、环保于一身。在安装中克服了地形地貌等多重困难,既保护了自然景观不被破坏,又成功地解决了施工问题,开创了工程施工与生态保护和谐共存的新范例。此次天门山"天梯"的成功安装,创造了景区自动扶梯装载的历史纪录,并打破了一直由外资品牌把持的技术垄断格局。

课后练习题

1. 自动扶梯与电梯比较有何特点?
2. 自动扶梯的分类方法有哪些?
3. 简述自动扶梯的工作原理。
4. 自动扶梯结构主要由哪几部分组成?
5. 自动扶梯应有哪些安全保护装置?
6. 附加安全装置与保护措施有哪些?
7. 地铁车站自动扶梯的常用接口有哪些?

项目四　电扶梯设备常用维修工具及仪器仪表

情景导入

在电扶梯设备安装、调试和维修操作过程中,会用到各种各样的维修工具、仪器仪表及辅助工具等,正确规范地使用常用维修工具及仪器仪表是必备的基本技能。在使用之前应先对这些工具及仪器仪表的使用方法有所了解,以免使用不当造成不必要的损耗。本项目主要介绍常用维修工具及仪器仪表的结构、工作原理、功能及使用方法。电扶梯专业常用的工具有螺丝刀、扳手、工具钳、扭力扳手、游标卡尺、万用表、示波器、兆欧表、数字钳表和蓄电池内阻测试仪等。

任务引领

(1)熟悉常用维修工具的工作原理及适用场合;
(2)掌握常用工具的使用方法及注意事项;
(3)塑造新时代民族精神,培育家国情怀。

项目实施

4.1　常用维修工具

4.1.1　螺丝旋具

螺丝旋具是设备日常维护检修及故障抢修常用工具,又称螺丝刀、起子和改锥等,用来紧固和拆卸各种紧固力较小的螺钉,刀口形状有"一"字、"十"字、内六角、六角套筒等(图4.1)。电气维护用的螺丝旋具刀体部分用绝缘管套住,螺丝刀使用时应注意以下事项。

图 4.1　螺丝刀

(1) 电工必须使用带绝缘手柄的螺丝刀。

(2) 使用螺丝刀紧固或拆卸带电的螺钉时,手不得触及螺丝刀的金属杆,以免发生触电事故。

(3) 为防止螺丝刀的金属杆触及皮肤或相邻近带电体,应在金属杆上套上绝缘套管。

(4) 使用时应注意选择与螺钉槽相同且规格大小相对应的螺丝刀。

(5) 切勿将螺丝刀当錾子使用,以免损坏螺丝刀手柄或刀刃。

4.1.2 扳手

扳手是用于旋紧或拧松有角螺丝钉或螺母的工具。常用的扳手有活动扳手、呆扳手、梅花扳手、两用扳手、套管扳手、内六角扳手、棘轮扳手、扭力扳手和专用扳手等。此处介绍较为常用的活动扳手,如图 4.2 所示。

图 4.2　活动扳手

使用时注意以下事项。

(1) 必须将扳口尺寸调节准确,防止松动打滑。

(2) 使用时应正向扳拧螺母或螺栓。

(3) 不能在扳手尾端加接套管延长臂力,以防损坏扳手。

(4) 不能用钢锤敲击扳手,扳手在冲击载荷下极易变形或损坏。

4.1.3 工具钳

按功能和形状可以分为克丝钳、尖嘴钳、扁嘴钳、斜口钳、压线钳、剥线钳等。不同的钳功能不同,切不可混用。不允许用锤子等工具敲击或当锤子敲击。

1. 克丝钳

克丝钳是电工常用的一种手工工具,钳柄上有绝缘保护套,具有较强的夹持和剪切功能,常用来夹持器件、剪切金属线、弯绞金属线、紧固和拧松螺丝等(图 4.3)。

图 4.3　克丝钳

2. 尖嘴钳

尖嘴钳的头部尖细,适合在狭小的空间操作,可以用来夹持小的器件、剪切细小金属线、修整导线形状、紧固和拧松小螺丝(图4.4)。

图 4.4 尖嘴钳

3. 扁嘴钳

扁嘴钳的头部扁平,有带齿和不带齿两种,适合用来夹持和修整器件,不带齿的不会在器件上留下夹压的痕迹(图4.5)。

图 4.5 扁嘴钳

4. 斜口钳

斜口钳的头部有锋刃,用来剪切电线、金属丝及导线电缆(图4.6)。

图 4.6 斜口钳

5. 压接钳

压接钳用来压接各类接头,有机械式和油压式。根据压接接头和压接线径的不同,使用不同压接钳(图4.7)。常用的有网线接头压接钳。

图 4.7 压接钳

6. 剥线钳

剥线钳是用于剥削小直径导线绝缘层的专用工具。使用时,将要剥削的绝缘层长度用标尺定好后,即可把导线放入相应的刃口中(比导线直径稍大),用手将柄一握紧,导线的绝缘层即被割破(图4.8)。

图 4.8 剥线钳

剥线钳使用注意事项:

(1)使用前,检查绝缘是否良好,以免带电作业,造成触电事故。

(2)在带电剪导线时,不得用刀口同时剪切不同电位的两根线(如相线与零线、相线与相线等),以免发生短路事故。

4.1.4 扭力扳手

扭力扳手又称为扭矩扳手,是一种测量扭力值的工具,当达到预设值时,它能把负荷在扳手另一头的力值通过自身的内部机构表现出来(图4.9)。

图 4.9 扭力扳手

1. 扭力扳手使用方法

(1)在使用扭力扳手时,先将受力棘爪连接好辅助配件(如内六角套筒、一字头、十字头、梅花头、标准头等),确保连接没问题。

(2)在加固扭力之前,拧动扭矩扳手手柄,按照标尺设定好的需要加固的扭力值,并锁好锁紧装置,然后调整方向转换钮到加力的方向。

(3)当拧紧螺纹紧固件时,手要把握住把手的有效范围,沿垂直于管身方向慢慢地加力,当实际扭矩到达已设定的值时,扳手发出"咔嗒"报警响声,此时应立即停止扳动。

(4)为了使测量结果准确,使用扭力扳手时,应施加一个稳定力。

2. 扭力扳手使用注意事项

(1)扭力扳手是精密机械仪器,操作时应小心谨慎,不可突然施加作用力,否则会导致测量不准,甚至内部机构失灵。

(2)不能把扭力扳手当铁锤进行敲击,使用时应轻拿轻放,不可乱丢。

(3)出现故障时不能随意拆卸,需送计量部门进行维修和校准,确认其功能是否满足要求。

(4)不能超量程工作,当达到设定值和听到"咔嗒"报警响声后应停止加力。

(5)不可用异物堵塞、黏接、固定扭矩调节套筒或把手。

(6)在使用扭力扳手前应确认扭矩值设置是否正确,特别注意的是扭力扳手上往往会有多个扭力单位,要选择正确的扭力单位。

(7)需要定期送计量部门进行校准。

4.1.5 游标卡尺

游标卡尺是常用的高精度长度测量工具,可以使用它来测量零件的内径、外径、长度、深度等。游标卡尺一般分为10分度、20分度和50分度三种,10分度的游标卡尺可精确到0.1 mm,20分度的游标卡尺可精确到0.05 mm,而50分度的游标卡尺则可以精确到0.02 mm(图4.10)。

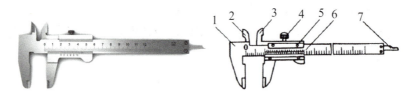

1—尺身;2—量爪;3—游标量爪;4—游框紧固螺钉;5—游框;6—游标;7—测深直尺。

图4.10 游标卡尺

1.游标卡尺使用方法

(1)测量外尺寸时,应先把量爪张开得比被测尺寸稍大,再把固定测量爪与被测表面靠上,然后慢慢推动尺框,使活动测量爪轻轻地接触被测表面,并稍微游动一下活动测量爪,以便找出最小尺寸部位,然后读数。

(2)测量内尺寸(内径)时,先将主尺上方量爪与孔壁接触好,再轻轻摇动和拉动游标,找出最大内径位置,并使之与孔壁接触好后读数。

(3)测量深度时,卡尺尾端端面与被测件的测量基准面贴合,向下推动测深直尺,使之轻轻接触被测底面,然后读数。测深直尺不能倾斜,否则影响测量精度。

(4)读数时先读出左边离游标尺零刻度最近的主尺刻度上的读数,这个读数可以精确到毫米。再看游标尺上右方哪条刻度线与主尺刻度线重合,读出该刻度线在游标上代表的数值,即为毫米后小数值。将整数和小数值相加,即为被测尺寸值。

2.游标卡尺使用注意事项

(1)使用前应将卡尺擦拭干净,合拢卡尺量爪,调零。

(2)测量时与零件接触不要过松或过紧。

(3)如果读数不便时,可先用游框紧固螺钉将游框固定,再取下卡尺进行读数。

(4)测量时,手动推或拉的力不宜过猛过大,否则会使游框摆动,会影响测量精度。

(5)测量时,合理选用量爪形式和方法,被测量长度与卡尺的卡爪不得歪斜,否则会影响测量精度。

(6)应在足够光线下读数,并使卡尺处于水平位置,两眼的视线与卡尺的刻画线表面垂直,以减少读数误差。

(7)需要定期送计量部门检测,以保证其精确度。

(8)游标卡尺属于精密工具,使用时要小心轻放,不用时要平放回包装盒内,以免变形影响测量精度。

4.2 常用仪器仪表

4.2.1 万用表

万用表是信号设备维护检修及故障排查中最常用的仪表,它可以测量电路中的电压、电流,导体的电阻值,有些还可以测量频率、电容值、电感值、三极管的放大倍数 β 值、温度等。根据这些测量数值,可以方便地判断出电路特性、故障位置及元件质量。

万用表可以分为机械式万用表和数字式万用表。此处介绍数字式万用表(图4.11)。

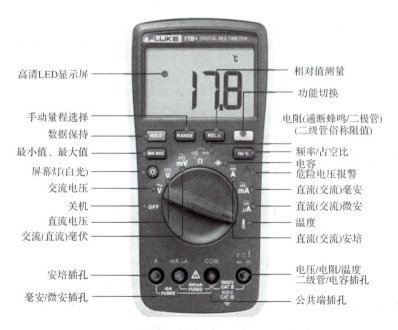

图 4.11 数字式万用表

1. 万用表使用方法

(1)电压的测量。万用表调整为电压挡及适当量程,万用表并联在电路中。("V−"表示直流电压挡,"V～"表示交流电压挡)。

(2)电流的测量。万用表调整为电流挡及适当量程,万用表串联在电路中。("A－"表示直流电流挡,"A～"表示交流电流挡)。需要特别指出的是,如果误用数字万用表的电流挡测量电压,很容易将万用表烧坏。因此,在先测电流后,再测电压时要格外小心,注意随即改变转盘和表笔的位置。

(3)电阻的测量。万用表调到欧姆挡"Ω"并选择适当量程,万用表与被测电阻并联,待接触良好时读取数值。

(4)二极管的测量。将万用表调到二极管挡,用红表笔接二极管的正极,黑表笔接负极,两表笔与被测二极管并联,这时会显示二极管的正向压降;利用二极管挡测对地阻值判断电路是开路或短路。

2. 万用表使用注意事项

(1)如果无法预先估计被测电压或电流的大小,则应先拨至最高量程挡测量一次,再视情况逐渐把量程减小到合适位置。测量完毕,应将量程开关拨到最高电压挡,并关闭电源。

(2)满量程时,仪表仅在最高位显示数字"1",其他位均消失,这时应选择更高的量程。

(3)测量电压时,应将数字万用表与被测电路并联。测电流时应与被测电路串联;测直流量时不必考虑正、负极性。

(4)当误用交流电压挡去测量直流电压,或者误用直流电压挡去测量交流电压时,显示屏将显示"000",或低位上的数字出现跳动。

(5)禁止在测量高电压(220 V以上)或大电流(0.5 A以上)时换量程,以防止产生电弧,烧毁开关触点。

(6)当显示"－""BATT"或"LOW·BAT"时,表示电池电压低于工作电压。

(7)正确使用表笔接入电路或元件,接入时应避免与其他无关接点接触,以防损害电器或万用表。

(8)在读取测量值时,应稍等片刻,使读数趋于稳定时再读取。

(9)当出现电池电量不足的提示,必须马上更换万用表电池,否则可能会导致测量结果不准确。

3. 万用表保养方法

(1)万用表是精密仪器,使用时要小心轻放,注意避免雨淋和防潮,避免长期暴露在高温环境下。

(2)使用前一定要选择合适的量程,不要超量程测量。

(3)不要使用万用表测量带电电路的电阻值或测量电源的内阻值。

(4)万用表使用后要关闭电源开关,长期不用的万用表需要把电池取出。

(5)万用表需要定期送计量部门检测,以保证其精确度。

4.2.2 示波器

示波器是一种用途十分广泛的电子测量仪器。它能把肉眼看不见的电信号变换成看得见的图像,便于人们研究各种电现象的变化过程。示波器利用狭窄的、由高速电子组成的电子束,打在涂有荧光物质的屏面上,就可产生细小的光点。在被测信号的作用下,电子束就好像一支笔的笔尖,可以在屏面上描绘出被测信号的瞬时值的变化曲线。利用示波器能观察各种不同信号幅度随时间变化的波形曲线,还可以用它测试各种不同的参数,如电压、电流、频率、相位差、调幅度等(图4.12)。

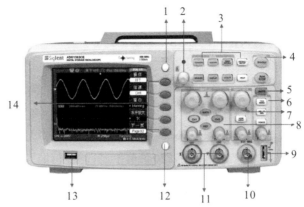

1—菜单按钮;2—万能旋钮;3—常用功能按钮;4—执行控制;5—AUTO按钮;6—触发控制;
7—水平控制;8—垂直控制;9—探头元件;10—外触发输入通道;11—模拟信号输入通道;
12—打印按钮;13—USB Host接口;14—选项按钮。

图4.12 示波器面板图

1.示波器使用方法

(1)测量直流信号步骤。

①打开电源,按任意键退出自检画面;

②示波器的输入端CH 1加上信号线,与直流稳压电源相连接(示波器的输入端CH1的地线接直流稳压电源地线);

③按下AUTO自动设置按钮;

④按下UTILITY按钮,选取语言为中文(简);

⑤按下ACQUIRE按钮,选取获取方式为平均值,平均次数为128;

⑥按下CH 1菜单,耦合方式选接地,调节位置旋钮,将接地线调到适当位置。调整伏/格为5.00伏/格(明显标出),探头1×,反相关闭;

⑦再将耦合方式选直流,屏幕上的线将上跳2格。(需将地线明显标出)

(2)测量交流信号步骤。

①打开电源,按任意键退出自检画面;

②示波器的输入端CH 1加上信号线(示波器的输入端CH 1的地线接信号地线);

③按下自动设置按钮,选择CH 1菜单,耦合方式选交流,调整伏/格为2.00伏/格(明显标出),探头1×,反相关闭;

④按下 TRIGGER 菜单,信源选 CH 1;

⑤调节触发电平,可使波形稳定下来;

⑥按下 MEASURE 按钮,可测量信号的频率、周期、峰-峰值等;

⑦信源选 CH 1,类型依次调整为周期、频率、峰-峰值等;

⑧按下 CURSOR 按钮,可用光标测量信号的电压、周期。

2.示波器使用注意事项

(1)触发方式需选择"自动"(在 TRIGGER 菜单中)。

(2)耦合方式应根据输入信号来选择是"交流"还是"直流"(在 CH 1 或 CH 2 菜单中)。

(3)若波形不能调出,可按下"自动设置"按钮,示波器将各按钮设置为默认值。

(4)信号不能稳定下来时,需调节:

①若外加信号从 CH 1 输入,在 TRIGGER 菜单中就选择"信源"为"CH 1";

②若外加信号从 CH 2 输入,在 TRIGGER 菜单中就选择"信源"为"CH 2";

③如果是双通道输入,可任选其中之一;

④信源调整好以后,再调节"触发电平",让波形稳定下来;

⑤探头倍率应选"1×";

⑥注意屏幕上方和下方的所有文字与数字的信息量。

4.2.3 兆欧表

兆欧表又称绝缘电阻摇表,是一种测量高电阻的仪表,经常用它测量电气设备或供电线路的对地绝缘电阻值,是一种可携带式的仪表,兆欧表的表盘刻度以兆欧(MΩ)为单位(图4.13)。

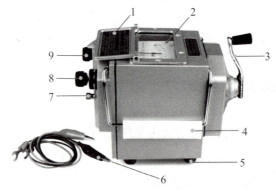

1—表头盖;2—刻度;3—发电机手柄;4—手提;5—橡胶底脚;6—标配测试棒;
7—保护环(屏蔽端);8—L端接线柱;9—E端接地接线柱。

图 4.13 兆欧表

1.兆欧表使用前的准备

(1)测量前必须将被测设备电源切断,并对地短路放电,决不允许设备带电进行测量,以保证人身和设备的安全。

(2)对可能感应出高压电的设备,必须在消除这种可能性后,才能进行测量。

(3)被测物表面要清洁,减少接触电阻,确保测量结果的正确性。

(4)测量前要检查兆欧表是否处于正常工作状态,主要检查其"0"和"∞"两点。开路检查,两根线不要绞在一起,将发电机摇动到额定转速,指针应指在"∞"位置。短路检查,将表笔短接,缓慢转动发电机手柄,看指针是否到"0"位置。

(5)兆欧表引线应用多股软线,而且应有良好的绝缘。

(6)不能全部停电的双回架空线路和母线,在被测回路的感应电压超过12 V时,或当雷雨发生时的架空线路及与架空线路相连接的电气设备,禁止进行测量。

(7)兆欧表使用时应放在平稳、牢固的地方,且远离大的外电流导体和外磁场。

2.兆欧表使用方法

(1)兆欧表的选择。主要是根据不同的电气设备选择兆欧表的电压及其测量范围。对于额定电压在500 V以下的电气设备,应选用电压等级为500 V或1000 V的兆欧表;额定电压在500 V以上的电气设备,应选用1000~2500 V的兆欧表。

(2)测试前的准备。测量前将被测设备的电源切断,并短路接地放电3~5 min,特别是电容量大的,更应充分放电以消除残余静电荷引起的误差,保证正确的测量结果以及人身和设备的安全。被测物表面应擦干净,绝缘物表面的污染、潮湿,对绝缘的影响较大,而测量的目的是为了解电气设备内部的绝缘性能,一般都要求测量前用干净的布或棉纱擦净被测物,否则达不到检查的目的。

(3)兆欧表在使用前应平稳放置在远离大电流导体和有外磁场的地方;测量前对兆欧表本身进行开路和短路检查。若零位或无穷大达不到,说明兆欧表有问题,必须进行检修。

(4)接线。一般兆欧表上有三个接线柱:"L"表示"线"或"火线"接线柱;"E"表示"地"接线柱;"G"表示屏蔽接线柱。一般情况下"L"和"E"接线柱,拥有足够绝缘强度的单相绝缘线将"L"和"E"分别接到被测物导体部分和被测物的外壳或其他导体部分(如测相间绝缘)。

(5)在特殊情况下,如被测物表面受到污染不能擦干净、空气太潮湿或者有外电磁场干扰等,就必须将"G"接线柱接到被测物的金属屏蔽保护环上,以消除表面漏流或干扰对测量结果的影响。

(6)测量。摇动发电机使转速达到额定转速(120 r/min)并保持稳定。一般采用一分钟以后的读数为准,当被测物电容量较大时,应延长时间,以指针稳定不变时为准。

(7)拆线。在兆欧表没停止转动和被测物没有放电以前,不能用手触及被测物或进行拆线工作,必须先将被测物对地短路放电,然后再停止兆欧表的转动,防止电容放电损坏兆欧表。

(8)测量电动机的绝缘电阻时,E端接电动机的外壳,L端接电动机的绕组。

3.兆欧表使用注意事项

(1)禁止在雷电时或高压设备附近测绝缘电阻,只能在设备不带电,也没有感应电的情况下测量。

(2)摇测过程中,被测设备上不能有人工作。

(3)摇表线不能绞在一起,要分开。

(4)摇表未停止转动之前或被测设备未放电之前,严禁用手触及。拆线时,也不要触及引线的金属部分。

（5）测量结束时，对于大电容设备要放电。

（6）要定期校验其准确度。

4.2.4 数字钳表

数字钳表是一种用于测量正在运行的设备线路的电流大小的仪表，可在不切断电路的情况下测量电流，有些钳表还可以测试电压。钳表分为机械式和数字式，钳表实质上是由一只电流互感器、钳头扳手和一只整流式磁电系有反作用力仪表所组成（图1.14）。

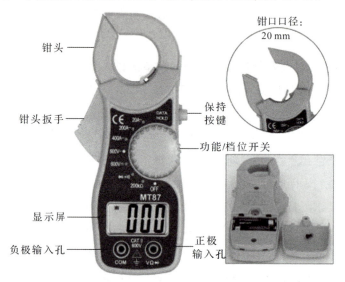

图 4.14 钳形电流表

1. 数字钳表的使用方法

（1）测量前，若指针没在零位，应进行机械调零。

（2）根据被测电流大小来选择合适的钳形电流表的量程。选择的量程应稍大于被测电流数值，若无法估计，为防止损坏钳形电流表，应从大量程开始测量，逐步变换挡位直至量程合适。

（3）测量时，应将被测导线放入钳口中央，然后松开扳手并使钳口闭合紧密。当指针稳定时进行读数。

2. 数字钳表使用注意事项

（1）使用前要正确检查钳形电流表的外观情况，一定要检查表的绝缘性能是否良好，外壳应无破损，手柄应清洁干燥。钳口应清洁、无锈，闭合后无明显的缝隙。

（2）测量进行过程中改变量程时，应先将被测导线从钳口退出再更换挡位。

（3）为减小误差，测量时被测导线应尽量位于钳口中央，且垂直于钳口。

（4）测量结束，应将被测导线退出，量程开关置于最高挡或 OFF 挡。

(5)用高压钳形表测量时,应由两人操作,测量时应戴绝缘手套,站在绝缘垫上,不得触及其他设备,以防止短路或接地。

(6)测量小电流时,为使读数更准确,在条件允许时,可将被测载流导线绕数圈后放入钳口进行测量。此时被测导线实际电流值应等于仪表读数值除以放入钳口的导线圈数。

4.2.5 蓄电池内阻测试仪

蓄电池内阻测试仪(图4.15)是快速准确测量电池运行状态参数的数字存储式多功能便携式测试仪器。该仪表通过在线测试,能显示并记录多组电池电压、内阻、连接条电阻等电池重要参数,精确有效地判别电池优良状况,并可与计算机及专用电池数据分析软件一起构成智能测试设备,进一步跟踪电池的衰变趋势,并提前报警,以利于工程技术及管理人员酌情处理。

目前,内阻的测试已被广泛应用于电池的日常维护,取代过去的电压检查法。因为内阻是反映电池内部的参数,电池的内阻已被公认是准确而快速地判断电池健康状况的重要参数。

图4.15 蓄电池内阻测试仪

1.蓄电池内阻测试仪使用方法

(1)首先将仪器和测试架置于水平的工作台上。
(2)将测试接线端子插入仪器面板的插座上。
(3)将仪器电源线插入220 V/50 Hz的电源插座上。
(4)把电池的正极和负极分别用正极测试针与负极测试针顶住,使电池的中心与测试针的中心保持一致,且电池与测试针正负极完全接触。
(5)打开仪器的电源开关,显示屏读数会跳动数次,约100 ms后其读数会自动稳定下来。
(6)根据所测电池内阻的大小按切换键,选择适当的量程(如量程太大或太小其读数都会不准确)。记下其准确的读数。

2.蓄电池内阻测试仪使用注意事项

蓄电池内阻测试仪在使用一定时间后要送到专门的仪表检修所进行校验、检修,以保证数据准确,为了避免仪器或被测电池受到损坏,使用时要遵守以下注意事项:

(1)使用前应先检查仪器的外壳是否断裂或缺少配件,特别注意连接器附近的绝缘。
(2)检查测试针是否导通,如果测试针有损坏或断线现象,需更换后再使用仪器。

(3)把连线端子插入仪器端口以前,应先将仪器的电源关闭;测量时,两个测试针不得接触,以防短路。

(4)切勿在爆炸性的气体、蒸汽、酸性环境或灰尘附近使用蓄电池内阻测试仪。

(5)测量时,电池的内阻和电压必须在仪器所测量的范围内,否则读数不准。超过额定电压会烧坏仪器。

4.3 常用工器具一览表

如表4.1所示为常用工器具。

表4.1 常用工器具

名称	型号	照片	名称	型号	照片
安全防护栏			万用表	福禄克	
直板尺	世达		电梯三角钥匙	定制	
塞尺			一字/十字螺丝刀	世达	
毛刷	青岛		梯级扳手		
扳手	世达		尖嘴/克丝钳	世达	
内六角扳手	世达		手电筒	正辉	

思政拓展：我国仪器仪表行业发展趋势

随着工业发展规划的实施，仪器仪表行业与其他行业一样，面临着走节能环保、自主创新、高效发展的新型工业发展道路。仪器仪表行业积极响应国家号召，率先提出了"强化创新、狠抓基础，市场导向、拓宽领域，体制创新、优化结构，持续推进、振兴产业"的发展战略，这个战略的制定，标志着整个行业的转型即将来临。

经过改革开放40余年积淀，中国已是名副其实的制造大国，我国仪器仪表行业经过多年的发展已经逐渐成熟，尤其是近几年仪器仪表销售率以每年15%递增，为我国各个行业发展都提供了巨大助力。仪器仪表作为生产生活中的基础行业，在经济社会发展中发挥了不可替代的作用。

进入21世纪，仪器仪表产业在促进我国工业转型升级、发展战略性新兴产业、推动现代国防建设、保障和提高人民生活水平方面发挥的作用越来越显著，行业规模整体上呈现增长态势。我国电工仪器仪表制造业通过科技攻关、引进技术、消化吸收国产化等形式，产品技术水平持续提升，在满足国内需求的同时，已能够面向国际市场销售测量测试仪器仪表产品。在电工电力仪表领域，万用表是用量最大、用途最广的基础测量仪器，主要用于观察和测量电子波形，广泛应用于电子设备的研制、生产、维修和计量等场景。2019年，我国专业多功能万用表市场规模达到28.61亿元。

随着仪器仪表行业市场需求的不断扩大，各个国家争相提高生产水平。我国科学仪器市场较为平稳、需求良性增长，市场规模及产品品质都有所提高，在此情况下仪器仪表行业也将有更多的发展机会。

课后练习题

1. 简述扭力扳手的使用方法及注意事项。
2. 游标卡尺通常用来测量哪些量？
3. 简述万用表的使用方法及使用过程中的注意事项。
4. 使用兆欧表之前如何进行开路和短路检查？
5. 兆欧表使用时如何接线？
6. 简述数字钳表的使用方法及使用过程中的注意事项。

项目五　城市轨道交通电扶梯设备运行与维护

情景导入

电扶梯日常操作人员必须经过内部培训合格后,才能够操作电扶梯,所有操作都必须严格遵守安全作业管理办法。电扶梯维修保养人员必须按照国家有关规定取得相应资格,方可从事相关工作。电扶梯因故障停梯,发现人应及时安放好防护栏及警示标识,并尽快通知维修人员。故障排除后,必须先对电扶梯进行试验,然后再投入使用。

任务引领

(1)熟悉电扶梯安全操作规程。
(2)掌握电扶梯日常运行操作方法。
(3)熟悉电扶梯设备的维护保养流程。
(4)掌握电扶梯主要零部件的维护保养和检查调整要求。
(5)体验安全文化价值,强化安全意识与责任意识。

项目实施

5.1　电扶梯安全操作规程

电梯和自动扶梯是特种设备,电扶梯操作必须由经过培训的专业操作人员进行操作,对于电扶梯安全操作规程必须牢记于心,并且严格执行。

5.1.1　通用安全规定

1. 一般规定

(1)专业技术操作人员经医生诊断无妨碍从事专业工作的病症,例如心脏病、精神病、癫痫病、聋哑、色盲症、高血压等,作业人员应定期进行体检。

(2)作业现场的生产条件、安全设施等应符合国家或行业标准规定的要求,工作人员的劳动防护用品应合格、齐备。

(3)作业时应注意防范机械等伤害,严格遵守安全规程,防止事故发生。

(4)经常有人工作的场所及施工车辆上宜配备急救箱,存放急救用品,并指定专人检查、补充或更换。

(5)发生紧急情况时应以"先通后复"为基准原则进行应急处理。

(6)作业过程中必须严格执行"三不动""三不离""四不放过"等安全措施,以及分公司相关的安全规章制度。

(7)进行危险性较大、影响行车及安全的工作时,必须事先拟订安全技术措施,并由专人负责监督、落实。

(8)检修作业应依据检修规程及标准操作规程文本、施工管理规则、通用安全手册等文本,采取正确的技术措施来确保人、设备安全。

(9)严禁疲劳及酒后作业。

(10)严格按照"机电中心重点监控作业划分表"进行重点监控作业。

(11)作业过程中出现异常情况,按照"机电中心安全管理手册"相关要求上报。

(12)作业人员应清楚作业现场存在的危险因素和防范措施。

(13)在发现直接危及人身安全的紧急情况时,作业负责人有权直接停止作业并组织人员撤离作业现场。

2. 带电作业规定

(1)停电、验电必须由两人进行(一人操作,一人监护)。操作人员应戴绝缘手套,穿绝缘鞋。人体与带电体之间应保持一定的安全距离,无防护栅 700 mm,有防护栅 350 mm。

(2)对停电作业的设备,必须从可能来电的各方面切断电源。

(3)停电作业,应将检修设备的各方面电源断开,在断路器操作把手上挂"禁止合闸,有人工作!"的标示牌。

(4)进行设备检查和维修前,应先确认设备已断电,机械部分完全停止,才可进行设备检查和维修。

(5)严格按照检修规程及标准操作规程文本要求进行作业。

3. 高处作业规定

(1)高处作业人员要定期体检,必须经安全教育培训取得高处作业合格证,凡患有高处作业禁忌证(如高血压、心脏病、癫痫病、手脚残疾、深度近视等)、年老体弱、疲劳过度、酒后人员等,禁止高处作业。

(2)作业前,要先检查所用的登高工具和提升用具。(安全带、梯子、跳板、爬杆脚板、脚手架、安全网等)确认无误方可作业。

(3)高处作业时必须系好安全带、戴好安全帽。按照规定穿戴劳动保护用品,衣着灵便,衣袖、裤脚应扎紧,穿软底防滑鞋。

(4)高处作业的现场要有足够的照明。

(5)在高处作业现场开始工作前或行走时,要先观察周围环境是否安全,有无孔洞未加盖板和临时防护措施。

(6)作业前,要划出安全禁区,并设置明显标志,禁止无关人员进入。作业现场应设专人监护。

(7)使用梯子时,应符合相关规定要求。

(8)攀登时,做到手抓牢、脚踏实,精神集中,禁止站在不坚固的构架上工作,冬季应采取防滑措施。

(9)上、下作业面时,工具应放入工具袋里,传递物件应用吊绳,严禁上下抛掷工具或器材。

(10)高处作业区附近有带电体时,传递绳索应使用干燥的麻绳或尼龙绳,严禁使用金属绳。

(11)高处作业时,原则上不允许立体交叉作业。

(12)进行高处动火作业,必须清除下方易燃易爆物品。

(13)站在吊板上工作时,不准站在吊板两端,避免吊板翘起使人从高处坠落。

(14)高处作业时,不准把工具、器材等放在脚手架或建筑物边缘,防止坠落伤人。

(15)遇有六级以上强风和恶劣天气时,禁止露天高处作业。若因抢险、抢修要求,必须采取有效安全措施。

(16)工作结束后,应清点工器具,清扫作业现场。

(17)特殊高处作业的危险区应设围栏及"严禁靠近"的警告牌。

(18)在因工程和工序需要而产生的使人与物有坠落危险的洞口、井口等进行高处作业时,必须设置牢固的盖板、防护栏杆、安全网等防护设施。

(19)高处作业需按"危险作业管理办法"办理高处作业许可证。

4. 动火作业规定

(1)根据动火作业内容申请相应等级的动火许可证。

(2)严格按照"危险作业管理办法"进行作业。

(3)现场动火人员与现场安全监护人员不得为同一人。

(4)动火前"八不"。a.防火、灭火措施不落实不动火;b.周围的易燃杂物未清除不动火;c.附近难以移动的易燃结构和重要设备设施未采取安全防护措施不动火;d.凡盛装过油类等易燃液体的容器、管道,未经洗刷干净、排除残存的油质不动火;e.凡盛装过气体受热膨胀有爆炸危险的容器和管道不动火;f.凡储存有易燃、易爆物品的室、仓库和场所,未经排除易燃、易爆危险的不动火;g.在高空进行焊接或切割作业时,下面的可燃物品未清理或未采取安全防护措施的不动火;h.未配备相应的灭火器材不动火。

(5)动火中"四要"。a.动火前作业部门(中心)要指定现场安全负责人,一级动火的现场安全负责人一般为专业工程师或室安全员,二级动火现场安全负责人为班组长或班组安全员,三级动火作业现场安全负责人为施工负责人;b.动火前审批部门(中心)指定现场监护人,现场监护人和动火人员必须经常注意动火情况,发现不安全苗头时,要立即停止动火;c.发生火灾、爆炸事故时,要及时扑救;d.动火人员要严格执行安全操作规程。

(6)根据动火级别安排专人进行重点监控。

(7)动火结束后,按要求观察。

5.1.2 作业安全规定

1. 作业前安全规定

(1)作业令。核对作业令(作业时间、作业区域、作业人数、作业内容、主辅站)。

(2)班前会。班前会明确安全防护、作业内容、作业区域、人员分工,准备好工器具,确保该项检修所带工具齐全。

(3)安全预想。作业人员需穿着工装和绝缘鞋,戴安全帽。

(4)危险源。未按安全规定穿戴劳保用品或未做好安全防护措施;作业前未挂警示牌;作业材料及工器具遗留设备中导致设备短路;对于需停电作业的未停电。

(5)清点工器具。根据检修要求准备好材料、备件、仪表、工作中使用的工具。

(6)作业清点。严格按照施工管理规则进行清点。

2. 作业过程中的安全规定

(1)避免在轿顶与轿内同时作业。

(2)井道为通井时,严禁站在通井的中间梁上进行作业。

(3)轿顶或轿内有作业人员时,不能让其他人乘搭。

(4)在活动部、旋转部周围作业时,应装上盖板、护栏等进行保护,此时禁止使用手或抹布进行作业。

(5)在开口部附近作业时,应防止将物件碰落井道。

(6)机房控制柜、主机及限速器等设备的顶部不能放置物品。

(7)进入电梯轿顶的注意事项。

①电梯正常运行至次高层或以下的任何一层停止,两人配合进行;

②将控制柜(若有)或轿内检修开关转换至检修状态；

③在轿厢上一层打开电梯厅门,注意确认轿厢的位置,保持厅门开启状态；

④按下急停按钮,开启轿顶照明,小心进入轿顶,站好位置后才能关闭厅门。

(8)退出电梯轿顶的注意事项。

①两人配合进行；

②将电梯运行至易于出轿顶的位置,打开厅门,保持厅门开启状态；

③收拾好工器具、物品放置在厅门外安全位置；

④按下急停按钮,恢复轿顶检修开关,关闭轿顶照明；

⑤退出轿顶,恢复急停按钮,关闭厅门；

⑥退出轿顶后要清洁鞋底及楼面；

⑦将电梯慢车运行至平层位置,将控制柜(若有)或轿内检修开关转换至正常位置。

(9)电梯轿顶作业注意事项。

①轿顶作业时应转换成"轿顶检修运行",作业时应先断开急停开关,离开轿顶防护范围的作业应使用安全带；

②将工具箱放在较稳定的地方,工具均放在工具箱内,且作业中应小心使用,防止物品掉落；

③越过轿顶横梁时,应确认脚下安全,抓住横梁、扶手、钢丝绳等,以稳定的姿势进行上下移动,保持轿厢处于静止状态；

④严禁从一个轿顶移动至其他轿顶；

⑤井道作业应顺着下行方向进行；

⑥运行过程中,头、手及身体不能探出轿顶边,应采取稳定的姿势；

⑦检修作业应慢车运行,运行操作者应听从作业责任者的指示,站在能确认到作业者作业姿势安全的位置,并随时采取能停止电梯运行的准备姿势；

⑧应事先确认身体的位置及动作的范围,以避免在运行过程中头、手、脚碰到钢片带、轿顶反绳轮或钢丝绳,防止被卷入；

⑨向上运行应确认头顶上方的情况后再运行,以免头部碰到顶部；

⑩由于调查异常声音等而不得不进行高速运行时,应充分进行大声联络复述,要求共同作业者采取可阻紧急停止电梯运行的姿势之后,再开始运行,尽量避免到端站的全程站直运行；

⑪从轿顶打开厅门时应慢慢打开,确认厅外附近是否有第三者,打开厅门时,应注意身体的平衡及脚底下的状况,采取稳定的姿势,防止被夹；

⑫从厅外进入轿顶,要特别注意确认轿厢的位置；

⑬运行时平层感应器上不能放置任何物品。

(10)轿厢内及厅外作业注意事项。

①停下轿厢进行作业时应先将操纵箱内的急停开关置"停止"状态;

②从轿内打开厅门时,应慢慢打开,确认门附近是否有第三者;

③从厅外进入轿厢,要特别注意确认轿厢在本层;

④作业或处理故障时,出入口的开口部为 300 mm 以上的场合,应采取以下措施,在该场所进行作业时,为防止第三者进入,应设监视人及安全护栏;离开该场所时,应确认门已完全关闭,无法从外部打开;

⑤作业楼层的厅门外附近如有小孩等游玩时,应劝其远离;

⑥离开轿厢时,应将操纵箱内的急停开关置"停止"状态,锁上操纵箱下部的开关盒盖,并设置"检修中"标志牌。

(11)进入或退出底坑作业时的安全注意事项。

①出入底坑前要清洁鞋底,防止脚下打滑;

②严禁出入底坑时踩踏液压缓冲器;

③严禁手握厅门边及随行电缆攀爬;

④如井道与邻梯相通应特别小心,严禁踏出本梯主轨底的作业范围;

⑤无底坑爬梯且无梯子时,严禁进入底坑;

⑥进入底坑作业后,必须按下急停按钮后关闭厅门;

⑦一人进入底坑操作,必须是工作两年以上的熟练工人,否则必须有工作两年以上的熟练工人在旁指导;

⑧应先确认坑内有无异常气味,然后再进入底坑。

(12)底坑作业要求。

①在底坑内作业必须有充足的照明;

②在底坑内作业时应先按下底坑急停开关,使轿厢停止再进行作业;

③底坑与轿内或轿顶之间的联络,底坑侧应掌握主导权,根据需要可使用无线电对讲机进行明确的联络与大声复述;

④在底坑内的作业者,应确认过自己采取的姿势是可以通过按下急停开关而使轿厢立即停止的姿势,之后再开始运行,底坑内作业者在轿厢运行中不应改变位置;

⑤底坑部位的检查应在检修状态下进行;

⑥若电梯贯通井道时严禁进入处于可动状态的其他电梯的底坑内;

⑦在使用人字梯或搭置脚手架进行作业时,应遵守以下事项,由共同作业者支持住人字梯下方,防止翻倒;在脚手架上作业时,应系好安全带;若电梯贯通井道时应停止相邻的电梯再进

行作业。

(13) 自动扶梯安全操作规定。

①所有操作都必须严格遵守一般通用生产安全规定；

②自动扶梯操作人员必须经过培训，并考试合格后，才能操作自动扶梯；

③自动扶梯故障时，为防止停止中的自动扶梯当楼梯使用，应采取措施（如用栅栏等挡住）以防进入，并尽快通知调度；

④在乘客使用自动扶梯时，切勿对扶梯进行急停操作（紧急情况除外），在紧急状态下必须采用急停操作时，应大声告知乘客"紧急停梯，请抓紧扶手"后，再行操作；

⑤启动自动扶梯时，扶梯踏板上的行人存在跌倒和受伤危险，应告知行人，待其离去后，方可进行启动操作；

⑥启动自动扶梯后，将钥匙拔出，切勿遗忘；

⑦自动扶梯禁止运送货物、动物、轮椅和婴儿车；

⑧故障排除后，必须先对自动扶梯进行测试，状态正常方能使用。

3. 作业结束安全规定

(1) 设备恢复。作业完成后，必须操作设备进行测试，确保设备无异常后才能正常使用。

(2) 出清现场、销点。作业区域无遗留物品，清点人员、工器具，使之与作业前一致，车控室销点。

(3) 班后会。召开班后会，总结作业过程中不足及发现的问题，在交接班本上进行记录。

(4) 检修记录。规范填写检修记录，对检修记录进行整理存档。

5.2 电扶梯设备维护模式

电扶梯系统设备的维修工作，应贯彻"预防为主、防治结合、养修并重"的原则，以"安全、准点、便捷、舒适"为服务理念，向乘客提供快捷、准点、方便、舒适的乘车环境，保证设备系统安全、可靠、高效、低成本地运行。为了实现电梯良好的工作状态，其维修周期及时间一般有如下规定，电扶梯系统设备的维护工作分为日常巡检、计划检修、故障检修和年审四种模式。

5.2.1 日常巡检

向所巡检车站站务人员详细了解电扶梯系统设备的工作状态、是否有故障等情况；按电扶梯日常巡检的项目内容进行巡检，如表 5.1 所示，并对异常状态详细记录；巡检人员现场若不能及时解决故障，应视故障影响范围逐级上报。日常巡检表格应做好存档管理。

电扶梯设备巡检流程

表 5.1 电梯、自动扶梯日常巡检表

电梯日常巡检表											
站名：		巡检人：		巡检日期： 年 月 日			编码:BG/ZY/WX/JDS/001-4/002				
序号	总体卫生情况	三角牌	通道情况	轿厢照明	轿厢风扇	上下运行情况	地坎情况	内外呼梯按钮	层门自动关闭装置	对讲装置	存在的问题
1											
2											
3											
说明:检查项目正常标注"√",不良标注"×",并详细报告如下											
自动扶梯日常巡检表											
梯号	总体卫生情况	三角牌	通道情况	梯级运行情况(平稳无明显震动)	毛刷	装潢部件	扶手带运行情况(是否与梯级同步)	梳齿	开关控制位置	备用间	
1											
2											
3											

5.2.2 计划检修

计划检修是指设备在使用寿命期内经过规定的开动使用时间或一定使用频率后,进行预防性的定期检查、调整和各类修理使其处于正常使用状态。在计划检修中,不同设备的保养、修理周期、周期结构和间隔是确定的。按照检修计划,由检修人员对电扶梯设备进行检查、维修、更换等工作,使设备保持良好运行状况。计划检修周期可以分为半月检、季检、半年检和年检。

5.2.3 故障检修

故障检修是指以故障出现为基础的维修方式,即在设备出现了明显的故障后实施的维修,其状态由监测仪器参数的变化反映出来,或由巡视人员现场发现报告。在接到维修调度、环控调度或车站站务的故障报告后,检修人员及时修复故障设备,使之在短时间内重新投入运行。

5.2.4 年审

根据《特种设备安全监察条例》规定:"未经定期检验或者检验不合格的特种设备,不得继续使用。"质量技术监督局每年对电梯整体情况进行一次检查工作,维护人员对电扶梯所有部件进行检查和调整,使电扶梯保持良好的运行状态。

电扶梯系统设备维修指根据设备的具体情况,采取计划维修为主、结合故障修、改善维修等维修方式。随着对设备性能的掌握,在维修中采取多种手段进行检测,根据设备状态参数进行早期设备故障诊断,逐步向状态维修过渡。地铁电扶梯设备维修工作采用委外维修的方式。设备以委外维修为主,综合考虑了维修安全、技术、经济效益。

维护工作必须坚持"安全第一,预防为主"的方针,针对设备运用情况、人员思想状态和技术素质、季节变化、自然灾害及施工妨害等,制定切合实际的技术和安全措施并认真执行,以防止和减少设备故障的发生。

5.3 地铁车站电梯日常运行

以郑州地铁无司机车站用电梯的操作规程为例,介绍地铁车站电梯一般运行要求和方法。一般情况下,地铁车站电梯正常运行时为无司机自动运行。

5.3.1 电梯设备操作方法

1. 电梯的启动操作

电梯的启动操作步骤如表5.2所示。

表5.2 电梯的启动操作步骤

序号	操作步骤
1	查看电梯厅门的周围有无障碍物,楼层的显示是否正常
2	在电梯的开关锁孔处用电梯的专用钥匙将电梯锁拧至开启(RUN)位置启动电梯
3	用手按外呼盒上的上下行按钮,电梯门打开
4	进入电梯内,查看电梯内部操作是否正常

注:站内电梯站厅层设为基站,出入口电梯地面设为基站。

2. 电梯的停止方法

电梯的停止操作步骤如表5.3所示。

表5.3 电梯的停止操作步骤

序号	操作步骤
1	确认轿厢内没有人
2	电梯的开关锁孔处用电梯的专用钥匙将电梯锁拧至停止(STOP)位置
3	电梯在关梯后,将不再响应其余呼梯信号,直接进入基站,打开门后电梯将关门,停止运行

3. 电梯对讲主机操作指引

电梯对讲主机操作步骤如表 5.4 所示。

表 5.4 电梯对讲主机操作步骤

序号	操作步骤
1	电梯五方对讲能够实现轿厢内、检修盘、车控室、轿顶及机坑内五方之间的内部通话功能。对讲装置有主机和子机之分,主机用在车控室,子机装在电梯检修盘、轿厢、轿顶和机坑内
2	轿顶及机坑的对讲子机供维保单位维修人员在电梯维修和紧急情况下使用,维修人员可在机坑、轿厢顶部通过对讲机与检修盘、车控室通话,从而保障维修人员的安全
3	检修盘的对讲子机主要用于电梯困人情况下,车站工作人员、设施设备维修人员及维保单位维修人员在被困人解救前了解乘客受伤情况,安抚乘客
4	轿厢内的对讲子机供乘客在紧急情况下使用,乘客可按压电梯轿厢内警铃按钮联系车控室,站务人员通过对讲主机与轿厢通话。车控室对讲主机具体操作如下: 当电梯轿厢警铃被按下后,车控室电梯对讲主机警铃响起,站务人员可通过对讲主机与轿厢通话,了解情况,步骤如下: ①拿起对讲机; ②开始通话

4. 电梯设备操作安全注意事项

(1)操作电梯时的注意事项。

①使用钥匙开关梯时,要保证钥匙完全插入后,方可进行钥匙旋转操作。

②电梯开启后,操作人员必须先对电梯进行试乘,确认无异常情况后再离开。

③电梯因故障停梯,发现人应及时安放好防护栏及警告标识。故障排除后,必须先对自动扶梯进行试验,然后再投入使用。

(2)电梯运行中的注意事项。

①管理人员应引导乘客正确搭载电梯,对乘客不正确使用电梯的行为应及时制止以免发生危险。

②若电梯运行时突然加减速、有异常声音或震动时,应阻止乘客继续搭乘,待无人后停止运行,并通知专业人员检修。

实操:电梯困人处置流程

5.3.2 电梯紧急故障处理

当电梯出现紧急故障时,应进行以下操作:

(1)当有紧急的故障出现时,首先要停止电梯的运行,再关闭电梯的总电源。完成以上的步骤后再联系维修人员来进行维修。

（2）电梯运行中因供电中断、电梯故障等原因而突然停驶，将乘客困在轿厢内时，及时安放好防护栏及警示标识，并尽快上报维修人员。

5.3.3　电梯紧急情况消除后的处理

电梯紧急情况处理后，需进行以下操作：

（1）电梯排除积水后，应在专业维修人员指导下对电梯进行干燥处理并让维修人员进行全面检查，确认符合安全要求后方可投入使用。

（2）各种灾害（如：火灾、地震等）警报解除后，应由专业维修人员对电梯进行全面检修，确认符合安全要求后方可使用。

（3）电梯救援结束后，由专业维修人员对自动扶梯进行全面检修，排除故障并确认符合安全要求后方可投入使用。

（4）其他妨碍电梯正常运行的情况排除并确认符合安全要求后，电梯方可投入使用。

5.3.4　电梯火灾状况的处理

在地铁车站处于消防状况时，电梯将接收到车站控制室的消防信号，电梯自动处于消防状况，即电梯立即不响应所有呼梯信号，直接到达基站开门，然后停止运行，直至消防状况取消。

如消防系统出现故障，不能将信号反馈给电梯，可以在电梯基站对电梯进行正常的停梯操作。

当电梯发生火灾时应立即终止电梯运行，并采取如下措施：

（1）及时与消防部门联系并报告维修调度。

（2）同时应立即将电梯直驶到基站并切断电源。

（3）让乘客保持镇静，组织疏导乘客离开轿厢。将电梯置于"停止运行"状态，关闭厅门并切断总电源。

5.4　地铁车站电梯设备维护保养

电梯检验合格投入运行以后，要保障电梯的安全运行，维修保养工作是一个重要的环节。电梯的维修保养安全技术，一是指对电梯进行维修保养的项目内容，即如何做好预防性保养，以保证电梯的安全运行；二是指对电梯进行维修保养操作过程中的安全操作。因为对电梯的维修保养若不及时，会造成电梯带故障运行，继而发生人身伤害和设备损坏事故。而在维修保养的操作过程中，维修人员被挤压死亡或造成他人死亡的事故也发生过多起。《特种设备安全监察条例》规定："电梯的日常维护保养必须由依照本条例取得许可的安装、改造、维修单位或者电梯制造单位进行"。

5.4.1 电梯设备保养规则

电梯维修包括电梯设备交付使用后的所有维护、修理。其中电梯的维护是指电梯设备安装之后,为确保电梯设备和零部件达到安全性能和预期功能所需的操作,包括:①必要的润滑和清洁工作;②检查工作;③乘客救援作业;④设定的调试操作;⑤日常维护保养工作。即对电梯进行的清洁、润滑、调整、更换易损件和检查等日常维护或者保养性工作。其中清洁、润滑不包括部件的解体,以及调整和更换易损件不会改变任何电梯性能参数。

定期以看、听、嗅、摸为手段,对运行中电梯的主要部件进行巡视检查,以清、加、紧、调为措施,做到主动保养,及时消除设备不正常工作状态,杜绝事故的发生。这里的"清"指清洁工作;"加"指对缺油部位加油;"紧"指紧固各部位螺栓;"调"指对不符合要求的部位进行调整。

电梯维保的基本项目(内容)和达到的要求见表5.5。维保单位应当按照安装使用维护说明书的规定,并且根据所保养电梯使用的特点,制订合理的保养计划与方案,对电梯进行清洁、润滑、检查、调整,更换不符合要求的易损件,使电梯达到安全要求,保证电梯能够正常运行。表5.5为电梯设备不同检修周期及工作内容。

表5.5 电梯设备检修周期与工作内容

修程	检修工作内容	检修标准	周期
日常巡检	1.确认基站锁匙开关、受控层开关是否完好	开关正常	每两天
	2.确认厅外、轿内呼盒是否完好,按钮是否完好,功能是否健全	动作正常,功能测试正常	
	3.确认厅门、厅门套、厅门地坎、轿门地坎是否完好,是否清洁	完好无损,清洁	
	4.确认厅门、轿门是否完好,开关门是否顺畅,有无异响	无异响,开门顺畅	
	5.楼层显示是否正确,确认平层是否准确	显示正确,平层准确	
	6.确认轿门防夹装置功能是否健全	动作正常	
	7.确认上下方向运行中是否顺畅,轿厢在启动、运行、停止时有无异常噪声、震动和碰撞	无异响、震动	
	8.确认轿厢照明、通风系统是否完好	正常完好	
	9.确认报警按钮是否正常、通话装置功能是否良好(抽检)	动作正常,测试通话	

续表

修程	检修工作内容	检修标准	周期
半月检	1. 机房、滑轮间环境清洁,门窗完好、照明正常	清洁,门窗完好	每半月
	2. 手动紧急操作装置齐全,在指定位置	装置齐全,位置恰当	
	3. 曳引机运行时无异常震动和异常声响	无异常震动和异响	
	4. 制动器各销轴部位润滑,动作灵活	应充分润滑	
	5. 制动器间隙打开时制动衬与制动轮不应发生摩擦	顺畅,没有摩擦声	
	6. 编码器清洁,安装牢固	清洁,紧固牢靠	
	7. 限速器各销轴部位润滑,转动灵活;电气开关正常	充分润滑,开关正常	
	8. 轿顶清洁,防护栏安全可靠	清洁,牢固固定	
	9. 轿顶检修开关、急停开关工作正常	工作正常	
	10. 导靴上油杯吸油毛毡齐全,油量适宜,油杯无泄漏	齐全,无泄漏	
	11. 对重块及其压板无松动,压板紧固	无松动,紧固牢靠	
	12. 井道照明齐全、正常	齐全,工作正常	
	13. 轿厢照明、风扇、应急照明工作正常	工作正常	
	14. 轿厢检修开关、急停开关工作正常	工作正常	
	15. 轿内报警装置、对讲系统工作正常	工作正常	
	16. 轿内显示、指令按钮齐全、有效	工作正常	
	17. 轿门安全装置(安全触板,光幕、光电等)功能有效	工作正常	
	18. 轿门门锁电气触点清洁,触点接触良好,接线可靠	清洁,接触良好	
	19. 轿门运行开启和关闭工作正常	工作正常	
	20. 轿厢平层精度符合标准	符合制造单位要求	
	21. 层站召唤、层楼显示齐全、有效	显示齐全、有效	
	22. 层门地坎清洁	清洁无异物垃圾积尘	
	23. 层门自动关门装置正常	工作正常	
	24. 层门门锁自动复位,用层门钥匙打开手动开锁装置释放后,层门门锁能自动复位	工作正常	
	25. 层门门锁电气触点清洁,触点接触良好,接线可靠	清洁良好,紧固可靠	
	26. 层门锁紧元件啮合长度不小于7 mm	符合要求	
	27. 底坑环境清洁,无渗水、积水,照明正常	清洁,无积水,正常	
	28. 底坑急停开关工作正常	工作正常	

续表

修程	检修工作内容	检修标准	周期
季检	1.减速机润滑油油量适宜,除蜗杆伸出端外均无渗漏	油量适宜,无渗漏	每季度
	2.制动衬清洁,磨损量不超过制造单位要求	清洁,符合要求	
	3.位置脉冲发生器工作正常	工作正常	
	4.选层器动静触点清洁,无烧蚀	清洁,无破损	
	5.曳引轮槽、曳引钢丝绳清洁,无严重油腻,张力均匀	清洁,无油腻,张力均匀	
	6.限速器轮槽、限速器钢丝绳清洁,无严重油腻	清洁,无油腻	
	7.靴衬、滚轮清洁,磨损量不超过制造单位要求	符合要求	
	8.验证轿门关闭的电气安全装置工作正常	工作正常	
	9.层门、轿门系统中传动钢丝绳、链条、胶带按照制造单位要求进行清洁、调整	按照制造单位要求清洁、调整	
	10.层门门导靴磨损量不超过制造单位要求	符合要求	
	11.消防开关工作正常,功能有效	工作正常	
	12.耗能缓冲器电气安全装置功能有效,油量适宜,柱塞无锈蚀	工作正常,油量适宜	
	13.限速器张紧轮装置和电气安全装置工作正常	工作正常	
	14.断电再平层和停电应急停靠装置正常	功能有效	
半年检	1.电动机与减速机联轴器螺栓无松动	紧固牢靠	每半年
	2.曳引轮、导向轮轴承部无异常声响,无震动,润滑良好	无异响震动	
	3.曳引轮槽磨损量不超过制造单位要求	符合要求	
	4.制动器上检测开关工作正常,制动器动作可靠	工作正常,紧固牢靠	
	5.控制柜内各接线端子各接线紧固、整齐,线号齐全清晰	无破损,紧固牢靠	
	6.控制柜各仪表显示正确	显示正确	
	7.井道、对重、轿顶各反绳轮轴承部无异常声响,无震动,润滑良好	无异响震动	
	8.曳引绳、补偿绳磨损量、断丝数不超过要求	符合要求	
	9.曳引绳绳头组合螺母无松动	紧固牢靠	
	10.限速器钢丝绳磨损量、断丝数不超过制造单位要求	符合要求	
	11.层门、轿门门扇各相关间隙符合标准	符合要求	
	12.对重缓冲距符合标准	符合要求	
	13.补偿链(绳)与轿厢、对重接合处固定、无松动	紧固牢靠	
	14.上下极限开关工作正常	工作正常	

续表

修程	检修工作内容	检修标准	周期
年检	1.减速机润滑油按照制造单位要求适时更换,保证油质符合要求	符合要求,及时更换	每年
	2.控制柜接触器,继电器触点接触良好	接触良好	
	3.制动器铁芯(柱塞)进行清洁、润滑、检查,磨损量不超过制造单位要求	符合要求	
	4.制动器制动弹簧压缩量符合制造单位要求,保持足够的制动力	符合要求,保持足够制动力	
	5.导电回路绝缘性能测试符合标准	符合标准	
	6.限速器安全钳联动试验(每两年进行一次限速器动作速度校验)工作正常	工作正常	
	7.上行超速保护装置动作试验工作正常	工作正常	
	8.轿顶、轿厢架、轿门及其附件安装螺栓紧固	紧固牢靠	
	9.轿厢和对重的导轨支架固定,无松动	紧固无松动	
	10.轿厢和对重的导轨清洁,压板牢固	清洁牢固	
	11.随行电缆无损伤	无损伤	
	12.层门装置和地坎无影响正常使用的变形,各安装螺栓紧固	无变形,螺栓紧固牢靠	
	13.轿厢称重装置准确有效	准确有效	
	14.安全钳钳座固定,无松动	固定无松动	
	15.轿底各安装螺栓紧固	固定无松动	
	16.缓冲器固定,无松动	固定无松动	

5.4.2 电梯设备的维护保养

电梯设备的维护保养主要包含以下内容:

1.电梯曳引系统维护

(1)对电梯曳引力进行检查、调整,要求曳引力均匀。

(2)对曳引轮及缆压设备情况进行检查,要求曳引轮表面无明显磨损,无裂纹,如图 5.1 所示。

实操:电梯设备保养流程

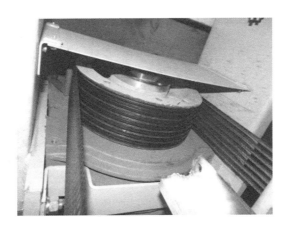

图 5.1 曳引轮

2. 电梯导向系统维护

对导向轮、复绕轮检查、调整,要求导向轮、复绕轮对铅垂线的偏差不大于±2 mm,对重如图 5.2 所示。

图 5.2 对重

3. 电梯轿厢系统维护

(1)对轿厢顶的环境进行检查,如图 5.3 所示,要求无垃圾无杂物。对轿厢架进行检查、紧固,要求螺栓无松脱,如图 5.4 所示。

图 5.3　轿厢顶

图 5.4　轿厢架

(2)对轿厢导靴、滚轮进行检查、调整,要求导靴、滚轮与导轨间隙小于或等于 2 mm,如图 5.5 所示。

微课:电扶梯设备维护保养

图 5.5　轿厢导靴及滚轮

(3)对轿厢门进行检查、调整,要求门扇、门与门套、门与地坎间隙为 2～6 mm,如图 5.6 所示。

图 5.6　轿厢门

(4)对轿厢内部状况进行检查,如图 5.7 所示。

图 5.7 轿厢

(5)对轿厢操作板进行检查、测试,按钮功能正常,如图 5.8 所示。

图 5.8 轿厢操作板

(6)对轿厢灯、风扇及应急灯进行检查,电梯停电时应急灯起作用。

(7)对指示器进行检查,电梯运行箭头指示与电梯运行方向一致,楼层显示与电梯停靠位置一致,指示器如图 5.9 所示。

图 5.9 指示器

(8)对安全触板、光幕功能进行检查,安全触板遇到障碍物反弹,如图5.10所示。

图5.10 安全触板

(9)对乘坐舒适度进行检查,启动和停梯平稳、无抖动。

(10)对平层进行检查、测量,平层精度±5 mm以内。厅门及轿门地坎如图5.11所示。

图5.11 厅门及轿门地坎

4.电梯门系统维护

(1)对电梯门机进行检查、调整,要求开关门平均速度不大于0.3 m/s,门机如图5.12所示。

图 5.12 门机

(2)对关门机构进行检查、调整,要求关门可靠,门刀如图 5.13 所示。

图 5.13 门刀

(3)对门拖动及连锁装置进行检查、调整,要求锁紧啮合深度不小于 7 mm,门连锁如图5.14所示。

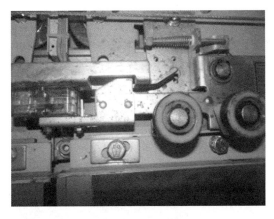

图 5.14 门连锁

(4)对关门力进行检查,要求关门力不大于 150 N。

5.电梯重量平衡系统维护

(1)对对重导靴及滚轮进行检查、调整,要求导靴、滚轮与导轨间隙小于或等于 2 mm,如图 5.15 所示。

图 5.15 对重导靴及滚轮

(2)对对重装置及对重滚轮进行检查、调整,要求无松脱,如图 5.16 所示。

图 5.16 对重装置

(3)对支架及导轨进行检查、紧固,要求螺栓无松脱,如图 5.17 所示。

图 5.17 支架及导轨

6. 电梯驱动系统维护

(1) 对电机铜头、槽坑、炭刷进行检查,要求表面无氧化现象。

(2) 对主机安装情况进行检查、紧固,要求螺栓无松脱。

(3) 对制动器进行检查、调整,要求抱闸间隙 0.5~0.7 mm。

7. 电梯控制系统维护

(1) 对接地线检查,要求连接可靠。

(2) 对相序继电器进行检查、测试,要求电源反相时电梯不能启动。

(3) 对保险管、保险丝进行检查,要无损坏。

8. 电梯安全保护系统维护

(1) 对运行机件进行检查、调整,要求限速器动作时棘轮卡死。

(2) 对限速轮、轮槽、轴承进行检查,要求限速轮表面无裂纹、无明显磨损,轮槽、轴承表面无磨损。

(3) 对限速器钢丝绳进行检查、调整,要求钢丝绳垂直度无偏移。

(4) 每两年做一次限速器校核试验。

5.5 地铁车站自动扶梯日常运行

5.5.1 自动扶梯设备操作方法

为了乘客的安全,操作人员须小心操作自动扶梯。必须确保自动扶梯完全停止时,才能改变运行方向。停止或启动自动扶梯时,必须确保梯级上没有乘客。现在以郑州地铁对车站用自动扶梯的操作规定为例,介绍地铁车站自动扶梯的运行操作步骤。

1. 自动扶梯操作规程

(1) 自动扶梯的开启方法。自动扶梯的开启操作步骤如表5.6所示。

表5.6 自动扶梯的开启操作步骤

序号	操作步骤
1	查看出入口、梯级、扶手等部位的清洁情况,确认梯级及梳齿部位没有小石子或钉子之类的妨碍运行的杂物
2	将钥匙插入"蜂鸣器和停止开关"并转至"蜂鸣器"侧,使蜂鸣器鸣响数秒,向周围的人发出将要运行的提示
3	确认自动扶梯上没有乘客或异物后,将钥匙插入"启动开关",转至"上行"或"下行"侧,并保持2秒以上,启动自动扶梯,不要马上复位,否则,自动扶梯会停止启动
4	工作时应确保梯级及扶手顺利运行,一旦工作时发生异常声音或震动等,应立即按下紧急停止按钮,使扶梯停止运行,进行必要的检查
5	自动扶梯启动运行后,一定要把钥匙转至中间位置后拔出。如果放在锁孔内不拔出,则有可能被无关人员误动作而发生事故

(2)自动扶梯的停止方法。自动扶梯的停止操作步骤如表5.7所示。

表5.7 自动扶梯的停止操作步骤

序号	操作步骤
1	将钥匙插入"蜂鸣器和停止开关"转至"蜂鸣器"侧,使蜂鸣器鸣叫数秒,确认无人站在扶梯上后,将钥匙转至"停止"侧,使扶梯停止运行;停止后,转至锁孔中间位置将钥匙拔出
2	如果发生紧急情况要停止扶梯,可以按下扶梯的紧急停止开关来使扶梯停止运行

(3)自动扶梯转换运行方向的操作方法。自动扶梯转换运行方向的操作步骤如表5.8所示。

表5.8 自动扶梯转换运行方向的操作步骤

操作步骤
应参照自动扶梯的停止方法,把自动扶梯完全停止下来,再参照启动自动扶梯的方法,按新的运行方向启动自动扶梯

(4)自动扶梯进入节能模式的操作方法。自动扶梯进入节能模式的操作步骤如表5.9所示。

表5.9 自动扶梯进入节能模式的操作步骤

操作步骤
在自动扶梯变频器中设置变频参数为"无人时间",待无人乘梯时间达到设定参数后,扶梯进入节能模式

2.操作自动扶梯时的注意事项

操作自动扶梯时应注意以下几点:

(1)使用钥匙开关梯时,要保证钥匙完全插入后,方可进行钥匙旋转操作。

(2)严禁在自动扶梯运行中或自动扶梯没完全停下来,就把钥匙插进去转至运行的另一方向。

(3)启动时应密切留意自动扶梯的运行情况,一旦发现有异常声音或震动时,应立即按下停止按钮——"STOP",停止自动扶梯运行,并通知维修保养人员检修。

(4)自动扶梯开启后,操作人员必须先对自动扶梯进行试乘,确认无异常情况后再离开。

(5)自动扶梯因故障停梯,发现人应及时安放好防护栏及警告标识。故障排除后,必须先对自动扶梯进行试验,然后再投入使用。

(6)操作开关自动扶梯时,注意观察上、下平台人群拥挤情况,严禁没有警告及防护措施不当时启、停自动扶梯,防止乘客跌倒造成伤害。

(7)自动扶梯作为机器设备,在非运行状态下,禁止作为固定楼梯使用。

3. 自动扶梯设备运行中注意事项

(1) 电扶梯设备使用管理单位人员应引导乘客正确搭载自动扶梯,对乘客不正确使用自动扶梯的行为应及时制止以免发生危险。

(2) 若自动扶梯运行时突然加减速、有异常声音或震动时,应阻止乘客继续搭乘,待无人后停止运行,并通知专业人员检修。

5.5.2 自动扶梯紧急故障处理

一旦在自动扶梯运行中发生乘客受伤等紧急情况,按照"相关方安全管理办法"规定处理。

实操:自动扶梯客伤处置流程

(1) 自动扶梯有故障时,安全系统起保护作用而使自动扶梯紧急停车,此时应停用该自动扶梯并通知维修保养人员来检修,在维修保养人员到来之前用护栏围蔽自动扶梯,严禁乘客进入。

(2) 车站发生火灾时应立即拨打火警电话,站务人员根据情况马上疏散乘客,停止出入口自动扶梯运行,由设施设备人员或者委外单位人员切断出入口自动扶梯总电源;站台至站厅上行扶梯保持运行状态,参与乘客疏散,下行扶梯停止运行。

(3) 自动扶梯机房进水或出入口自动扶梯因暴风雨而被严重淋湿时,应停用自动扶梯并由设施设备人员或者委外单位人员切断总电源。

(4) 发生地震时,车站应立即疏导乘客离开自动扶梯,然后将自动扶梯停止运行,并由设施设备人员或者委外单位人员切断电源。

5.5.3 自动扶梯紧急情况消除后的处理

(1) 自动扶梯排除积水后,应在维修保养人员对自动扶梯进行干燥处理并进行全面检查,确认符合安全要求后方可投入使用。

(2) 各种灾害(如:火灾、地震等)警报解除后,应由专业维修人员对自动扶梯进行全面检修,确认符合安全要求后方可使用。

(3) 自动扶梯救援结束后,由维修保养人员对自动扶梯进行全面检修,排除故障并确认符合安全要求后方可投入使用。

(4) 其他妨碍自动扶梯正常运行的情况排除并确认符合安全要求后,自动扶梯方可投入使用。

5.6 地铁车站自动扶梯设备维护保养

自动扶梯属于特种设备,其能否正常运行关系到乘客人身安全,因此,应加强设备的日常保养工作,确保其处于正常、良好的运行状态。

5.6.1 自动扶梯设备保养规则

自动扶梯日常维护保养过程中,现场维修人员不得少于2人。维修维护中应负责落实现场安全防护措施,保证施工安全。表5.10为自动扶梯设备检修周期与工作内容。

微课:电扶梯设备保养流程

表5.10 自动扶梯设备检修周期与工作内容

修程	检修工作内容	检修标准	周期
日常巡检	1.检查盖板间间隙是否适中并调整	正常,适中	每天
	2.检查安全标志是否完好并修复	齐全,醒目	
	3.检查梯级运行有无明显震动并修复	无异常声响和抖动	
	4.检查装饰板接口是否平滑完好	紧密牢固,连接处的凸台、缝隙符合制造单位要求	
	5.检查有无运行异常声响	正常,没有异常声响	
	6.检查扶手带运行是否与梯级同步	同步运行,无异差	
	7.检查梳齿板及梯梳是否完好并修整	完好	
	8.检查开关控制位置是否处于正常位置	位置正常	
	9.检查梳齿板与梯级间、扶手带出入口处是否有异物	正常,无异物	
半月检	1.异常震动和噪声检查	正常,无噪声及震动	每半月
	2.正常运行和检修运行动作状态检查,确认急停开关工作正常	正常,用移动按钮开关操纵扶梯正常运行,确认急停开关工作正常	
	3.扶手带速度相对梯级/踏板运行速度	相对于梯级/踏板的速度为0~2%	
	4.空载制动距离	应为0.2~0.5 m(速度 0.5 m/s)或0.3~0.6 m(速度 0.65 m/s)	
	5.变频自动扶梯的运行状态、乘客传感器表面清洁、乘客传感器的工作状态检查	确认变频自动扶梯的运行状态,如高速运行、低速运行、待机等。抹布清洁表面,通过变频扶梯的运行状态检查乘客传感器动作有效	
	6.运行指示器	完好无损,显示正常	
	7.上下部机房清洁	机房内无垃圾和油污	
	8.下部机房积水检查	下部机房应无积水	
	9.控制柜等电气设备清洁	控制柜和接线盒无垃圾和灰尘	
	10.检查电气回路情况、控制印板/控制器、接线端子、停止开关	电气回路正常,各接线端子可靠紧固,停止开关动作可靠,外观完好	
	11.检查驱动装置运行状态、驱动链运转情况	分别进行正常运行和检修运行,检查运行时驱动装置无异常和噪声	

续表

修程	检修工作内容	检修标准	周期
半月检	12. 清洁驱动装置和电动机通风口	无垃圾和积尘等	每半月
	13. 检查减速箱油位及有无渗漏油	通过减速箱上的油窗检查减速箱油位是否正常,需等扶梯停止数分钟后观测油位,油位高度应该在油窗中间与上边缘之间为正常; 检查确认通气孔是否畅通,如有积尘、堵塞等情况,及时清理,清理时要将通气阀拧下,用煤油或类似的清洗剂进行清洗,也可用压缩空气吹扫的方法清理	
	14. 检查制动器外观和动作状态	制动器的外观无损完好,动作状态正常	
	15. 检查梯级滚轮和导轨工作是否正常	检查梯级滚轮表面无伤痕或脱落,检查梯级滚轮在进入U形导轨的上下出入口时与导轨左右无碰撞	
	16. 上下部链轮的运行检查	使扶梯分别上下运行,检查链轮处无异常声音或震动	
	17. 检查扶手带运行情况及扶手带表面情况	表面无破损,扶手带耳部外表面无异常磨损	
	18. 梯级链安全装置(Step Chain Safety Switch,SCS)试验	扶梯处于正常停止状态,确认安全回路继电器80/K 80吸合;并手动使SCS动作,确认继电器80/K 80应断开,扶梯不能启动	
	19. 扶手带入口安全装置(Handrail Inlet Safety Switch,HGS)试验	开关动作正常	
	20. 梯级/踏板下陷安全装置(Step Roller Safety Switch/Pallet Roller Safety Switch,SRS/PRS)试验	开关动作正常	
	21. 梳齿板安全装置(Comb Safety Switch,CSS)试验	开关动作正常	
	22. 驱动链安全装置(Driving Chain Safety Switch,DCS)试验	开关动作正常	
	23. 工作制动器动作检测试验	开关动作正常	
	24. 扶手带测速安全装置(Handrail Speed Safety Switch,HSS)试验	开关动作正常	
	25. 盖板打开开关(Deck Open Switch,DOS)试验	开关动作正常	
	26. 梯级/踏板缺失安全装置(Step Missing Safety Switch,SMS)试验	安全装置动作,扶梯停止	

续表

修程	检修工作内容	检修标准	周期
半月检	27. 围裙板安全装置（Skit Safety Switch，SSS）试验	开关动作正常	每半月
	28. 扶手带断带保护装置（Handrail Brake Safety Switch，HBS）试验	开关动作正常	
	29. 弯曲导轨安全装置（Curve Rail Safety Switch，CRS）试验	开关动作正常	
	30. 检查油箱中油位、油嘴、油管和分配器情况	清洁油嘴完好，无堵塞	
	31. 检查链条润滑情况、手动加油、导轨上加润滑油	应充分润滑	
	32. 检查自动扶梯与建筑的接口、垂直防护挡板、上下出入口和扶梯之间的保护栏杆、防攀爬装置等周边安全设施	接口平整，防护挡板牢固紧靠	
	33. 检查内侧板、内外盖板、围裙板、压条、前沿板和梳齿板	紧固牢靠，完好无损	
	34. 检查梳齿、梯级与梳齿间隙	梳齿完好无损，间隙符合标准	
	35. 检查梯级与围裙板间隙	间隙符合标准	
	36. 检查出入口安全警示标志、使用须知出厂铭牌是否完好	完好无损，紧固牢靠	
	37. 检查扶手照明、附加照明是否良好	照明良好	
	38. 检查外装潢板是否有渗、漏油情况	无漏油、渗油	
	39. 保养后确认梯路无异物才可通电运行，上下运行数圈无异常才可结束保养工作	保养完试运行 30 min	
	40. 检查扶手链和扶手链润滑情况	应充分润滑	
	41. 检查油盘	无破损，接缝处无漏油	
	42. 电梯远程服务系统远程监控	监控正常	
	43. 检查驱动链	正常运行，无噪声及震动	
	44. 检查保留行程和闸瓦间隙	数值符合规定	
	45. 检查手动盘车装置	正常状态	
	46. 清洁导轨	清除导轨灰尘和垃圾	
	47. 检查梯级链张紧	检查梯级链张紧弹簧长度正常	
	48. 检查 J 尺寸	测量并做好记录	
	49. 与扶手带间隙、扶手驱动装置两顶端处扶手带平整	间隙符合标准	

续表

修程	检修工作内容	检修标准	周期
季检	1.上部机房积水检查	检查有无积水,及时清理	
	2.检查电缆接头	无破损,牢固紧靠	
	3.检查飞轮紧固	紧密牢固,无松动	
	4.检查梯级轴滚轮	无破损或划痕,表面光滑	
季检	5.检查梯级	表面无破损,梯级完整	每季度
	6.检查下链轮台车滚轮与台车导轨间隙	间隙正常,符合制造单位要求	
	7.检查梯级链润滑情况和伸长情况,清洁梯级链	应充分润滑,测量伸长情况正常,清除灰尘和垃圾	
	8.清洁扶手带表面	表面光滑无异物	
	9.超速限速装置和过低速保护装置试验	动作有效,扶梯停梯	
	10.非操纵逆转保护试验	保护有效,扶梯停梯	
	11.附加制动器试验	清洁和润滑,动作有效	
	12.各安全装置检查调整	符合制造单位要求	
	13.检查围裙防夹安全装置、上下部保护装置	牢固紧靠,完好无损	
	14.检查边滚轮	运行良好,间隙符合制造单位要求	
	15.梳齿板调节块销轴的手动加油	加油正常,无渗油、漏油	
	16.检查水平段体积与梯级间隙	间隙符合制造单位要求	
半年检	1.检查制动器闸瓦衬片	无明显损坏,磨损均匀	每半年
	2.检查制动器上螺栓和螺母、驱动装置各安装螺栓的紧固	紧固牢靠	
	3.检查链轮的紧固和磨损	紧固牢靠,无明显磨损	
	4.检查梯路导轨接头、梯路磨损情况	接头平整,紧固牢靠	
	5.检查链托和上下出入口处压轨	位置正常,压轨无变形	
	6.检查梯级轴	完好无损	
	7.检查扶手驱动轮直径	测量直径,符合制造单位要求	
	8.检查扶手驱动装置螺栓、扶手驱动装置主轴和链轮	螺栓紧固牢靠,装置完好无损	
	9.检查油盘	清除灰尘和垃圾	

续表

修程	检修工作内容	检修标准	周期
年检	1.检查电线电缆	无破损,固定牢固	每年
	2.更换减速箱齿轮油	正确更换,每年换一次	
	3.上下部链轮的检查	无明显噪声和震动	
	4.检查梯级链防跳轨和梯级防跳轨	紧固牢靠	
	5.检查梯路导轨螺栓紧固	紧固牢靠	
季检	6.检查桁架内电线电缆	无破损,紧固牢靠	每年
	7.检查梯级滚轮轴承	根据要求检查	
	8.检查扶手带涨紧	涨紧是否正常	
	9.检查扶手带内侧、扶手导轨和导夹、扶手导向滚轮和导向圈环	正常运行,无异响	
	10.扶手带耳部内侧和导夹上涂蜡	正常涂蜡	
	11.上下部链轮更换润滑脂,扶手驱动主轴的轴承座更换润滑脂	正常更换,符合制造单位要求	
	12. IBP盘扶梯急停功能测试,并形成纸质记录	功能正常	

5.6.2 自动扶梯设备维护

1.自动扶梯主驱动及减速箱维护

对主驱动进行检查、调整,要求运行中电机温度和减速箱油温正常,轴承无异常发热,无异响,齿面无不正常磨损。

2.自动扶梯电气控制系统维护

(1)对继电器接触器(图5.18)进行检查、调整,要求触点无接触不良,触头无硬化、氧化。

图5.18 继电器接触器

实操:自动扶梯设备保养流程

(2)对电子板(图5.19)进行检查,要求电子元器件无损坏。

图 5.19　电子板

3.自动扶梯驱动轮、梯级链及其他传动链条维护

(1)对主驱动轮(图5.20)进行检查,要求其表面应无裂纹,无明显磨损,轴承工作正常,转动灵活,不过热。

(2)对梯级链进行检查、调整,要求无不正常磨损、伸长。

图 5.20　主驱动轮

4.自动扶梯梯级及其附属装置维护

(1)对梯级及梯级轮进行检查、调整,要求梯级无变形、无破损和不正常磨损,梯级轮无明显磨损,转动灵活,如图5.21所示。

图 5.21 梯级与梯级轮

(2)对梯级链轮导轨进行检查,要求防锈可靠,无锈蚀现象,无明显变形,如图 5.22 所示。

图 5.22 梯级链轮导轨

5.自动扶梯安全保护系统维护

自动扶梯安全保护开关有效,围裙板开关如图 5.23 所示。

图 5.23 围裙板开关

思政拓展：文明乘梯

微课：电梯文明使用宣传片

乘坐电梯注意事项：

(1)在候梯厅,前往目的层站需上楼时请按上行呼梯按钮"△",需下楼时请按下行呼梯按钮"▽"。

(2)按钮灯亮表明呼叫已被登记(如果按钮已被其他乘客按亮,则无须重按),轿厢即将前来该层站停靠。

(3)轿厢到达该层站时会自动开门,乘客由方向指示灯确认轿厢将上行或下行。若轿厢运行方向与呼叫方向相同,则已经按亮的呼梯按钮灯将熄灭,表明乘客可乘该梯;若方向相反,则呼梯按钮灯不熄灭,乘客仍需等待。

(4)层、轿门打开时,乘客应先下后上。进梯站在门口侧边,让出梯的乘客先行,出入电梯不要相互推挤,进出时应特别留意门槛间隙。

(5)层、轿门打开后数秒即自动关闭。若需要延迟关闭轿门,按住内操纵盘上的开钮"＜|＞";若需立即关闭轿门,按动钮"＞|＜"。

(6)进入轿厢前,应先等电梯层门完全开启后看清轿厢是否停在该层,切忌匆忙迈进(故障严重的电梯可能会出现层门误开),以免造成人员坠落事故。切忌将头伸入井道窥视轿厢,以免发生人员被剪切事故。

(7)进入轿厢前,应先等电梯层门完全开启后看清地板和候梯层在同一平面,切忌匆忙举步(故障电梯会平层不准确),以免绊倒。切忌将手伸入轿门与井道的缝隙处,以免电梯突然启动造成剪切事故。

(8)进入轿厢,注意拐杖、高跟鞋尖不要施力于层门地坎、轿门地坎或两者的缝隙中,以免被夹持损坏地坎。

(9)进入轿厢后,首先按选层按钮中的目的站(如果迟疑,轿厢可能会先应答其他呼叫从而延长了您的乘梯时间)。按钮灯亮表明该选层已被登记,轿厢将按运行方向顺序前往。若轿厢有扶手,体弱者应尽量握住扶手。

(10)注意轿内层站显示器所指的轿厢所到达层站。轿厢在运行途中,发生新的内选层或候梯厅呼梯,则轿厢会顺路停靠。到达目的层站时待轿厢停止且轿门完全开启后,按顺序依次走出轿厢。

(11)电梯层门、轿门正在关闭时,禁止为了赶乘或担心延误出轿厢而用手、脚、身体及棍棒、小推车等直接阻止关门的动作。虽然在大部分情况下层门、轿门会在安全保护装置的作用下自动重新开启,但是一旦门系统发生故障就会造成严重后果。正确的方法是等待下次或按动候梯厅内呼钮或按动轿内开门按钮,使层门、轿门重新开启。

(12)轿厢运行过程中,禁止乘客企图用手扒动轿门。一旦扒开缝,轿厢就会紧急制停造成乘客被困在轿内,影响电梯正常运行。

(13)进出轿厢时,切忌在入口处逗留,也不要背靠安全触板(或光幕),以免影响他人搭乘或层、轿门的关闭,若遇到开启运行故障时会发生人身剪切伤亡事故。进入轿厢后乘客应往厢里面站,请勿离轿门太近以免服饰或随身携带的物品影响轿厢关闭,甚至被夹住。

(14)在轿内蹦跳,左右摇晃会使电梯的安全装置误动作造成乘客被困在轿厢内,影响电梯正常运行。

乘坐自动扶梯注意事项:

(1)乘坐自动扶梯时,乘客应面朝扶梯的运行方向靠右侧站立,手握住扶梯右侧的扶手。

(2)乘坐自动扶梯时要快速踏入,脚应站在梯级踏板四周黄线以内,同时抓好扶手,以防止裤脚边卷入运动的缝隙中。

(3)穿长裙子或手拿物品乘坐扶梯时,要留意裙摆和物品以防被绕挂。

(4)乘坐自动扶梯时,头和手不要伸出扶梯,防止在自动扶梯运行过程中被旁边的障碍物碰伤。不要在自动扶梯上用手推车运送货物,不可推婴儿车直接上自动扶梯,一定要收好婴儿车,抱住婴儿才可上自动扶梯。

(5)儿童不能在扶梯上追逐打闹,不要把扶手带当作滑梯玩耍。

(6)儿童不要在乘坐扶梯时玩玩具等细小物体,不要光脚或穿着松软的鞋子乘坐扶梯。

(7)老人和小孩乘坐扶梯时一定要有成人搀扶或陪同,不要携带大件重物搭乘手扶电梯。

课后练习题

1. 简述电扶梯设备的维护模式。
2. 维修人员进入轿顶和在轿顶进行维护修理作业时有哪些安全注意事项?
3. 简述电梯设备的启动和停止操作过程。
4. 电梯发生火灾时应该如何操作?
5. 自动扶梯发生紧急故障时该如何处理?
6. 自动扶梯设备如何启动和停止?
7. 自动扶梯操作过程注意事项有哪些?

项目六 城市轨道交通电扶梯设备常见故障处理

情景导入

随着城市化进程的加快,电梯和自动扶梯事故呈上升趋势,事故造成的损失也不容小觑。地铁车站电梯和自动扶梯是保证地铁正常运营的重要机电设备,不但要加强日常的维护和保养,而且,专业人员必须具备基本的故障处理和分析能力。电扶梯设备导致的事故通常都是由一些常见的故障所致,如果对于一些常见故障能及时处理,就能够大大提高电扶梯设备的安全系数。

任务引领

(1)熟悉电扶梯设备的故障处理规程。
(2)掌握电扶梯设备的常见故障及处理方法。
(3)掌握自动扶梯设备的常见故障及处理方法。
(4)培养精益求精的职业素养,传承匠心。

项目实施

6.1 电扶梯故障处理规程

1.电扶梯故障类型

电扶梯设备的故障类型分为Ⅰ类故障、Ⅱ类故障和Ⅲ类故障三种类型,具体定义见表6.1。

表6.1 电扶梯故障类型及定义

序号	故障类型	定义
1	Ⅰ类故障	指直接影响行车或严重影响乘客服务质量的故障
2	Ⅱ类故障	间接影响行车或大面积客运服务的故障;虽没有造成列车晚点,但已有故障征兆,可能会发生对正常行车安全带来威胁,或可能影响大面积客运服务的故障
3	Ⅲ类故障	未对运营造成影响,也不存在安全隐患的一般故障

2.故障处理前准备

故障处理前准备具体参见表6.2。

表6.2 故障处理前准备

序号	项目	标准作业程序
1	通信工具的准备	工班应常备两台以上对讲机,并时刻保持在充满电的状态。工班值班室内存放两台,由值班人员交接班时办理交接清点手续
2	工器具的准备	处理故障常用工器具主要包括螺丝刀、活动扳手、斜口钳、尖嘴钳、扁嘴钳、电工刀、数字万用表等,相应工器具应专门放置于专用的工具包中
3	备品备件的准备	备品备件放在工班仓库的货架上并贴上名称规格等。故障发生时,处理人员能迅速地找到所需的备品备件,缩短故障响应时间及修复处理时间
4	技术预想	出发前充分了解故障的现象,根据故障现象判断可能的故障原因,携带充分的备品备件,以及备份软件或程序,必要时,带上施工设计图纸、产品说明书、设备维护手册等技术资料,以备查阅
5	停电准备	故障处理前须通知车站值班人员,如可能影响设备的正常监控,需经调度和车站值班人员同意后,方可作业
6	安全预想	(1)穿戴好劳保用品,做好安全防护; (2)进入气体灭火保护房间前将气灭盘打至手动状态; (3)作业过程中禁止使用设备电源; (4)作业过程中工具材料放稳妥当,禁止抛掷传递物品; (5)抹布潮湿但不能滴流清洁液,禁止使用酸性、碱性、脂溶性清洁液; (6)准备好作业材料及工器具,电动清洁工作使用时做好防触电防护; (7)需停电作业,设备未断电,禁止检修作业; (8)登梯作业一人扶梯,一人作业; (9)作业完毕后,做好物料及工器具出清工作,将设备恢复正常状态

3.故障处理步骤

电扶梯故障处理标准作业程序见表6.3。

表6.3 故障处理标准作业程序

序号	标准作业程序
1	值班人员接报故障后,根据故障情况与严重程度通知相关专业和相应负责人
2	到达现场后查看软件运行情况及历史记录,查看现场设备硬件运行状态
3	请示环调或车站值班人员授权,对运行设备进行功能验证及测试
4	根据故障代码,判断故障原因及位置
5	如因设备卡异物导致故障,留存第一故障现场影像资料、异物影像资料

续表

序号	标准作业程序
6	接线正常的情况下,检查硬件设备,如硬件设备损坏,则根据设备的具体故障情况进行设备整体更换,或板卡更换,维护电子设备时要做好防静电工作,使用防静电工具,防止静电击穿集成电路芯片,严禁带电插拔模块板卡
7	故障处理期间,如果控制中心或车站无法监控,及时报告相关调度通知被监控设备的专业人员做好现场设备安全保障
8	故障处理完毕需进行故障设备的功能测试,确保其各部件固定好,防止震动,严格、认真检查各种模块板卡、电源线、信号线安装连接正确,接线处绝缘满足要求,设置正确

4.作业后收尾

电扶梯故障处理作业后收尾标准作业程序见表6.4。

表6.4 故障处理作业后收尾标准作业程序

序号	作业内容	标准作业程序
1	设备验收	作业完成后必须恢复原状,连续开、停梯三次并在现场观察自动扶梯运行10 min,确认设备运行正常
2	设备交接	作业完毕,清理现场,现场无遗留物品,确保将系统和设备恢复到正常使用的状态,移交给站务人员
3	记录台账	按规范填写故障台账
4	故障回复	(1)专业维修人员于故障修复后30 min内填写相关记录,回复设施设备值班人员;(2)故障处理完毕后2 h内填写故障纸质与电子台账

6.2 电梯设备常见故障及处理方法

1.电梯启动溜车故障处理

电梯启动溜车故障处理见表6.5。

微课:电梯典型故障及处理方法

表6.5 电梯启动溜车故障处理

专业	系统/设备	故障现象	故障原因	处理指南	故障影响	故障分类
电扶梯	电梯	电梯启动溜梯	电梯称重不准	详细步骤见表6.6	电梯无法使用或困人	I

电梯启动溜车故障处理步骤见表 6.6。

表 6.5　电梯启动溜车故障处理步骤

序号	步骤
1	切断电梯电源
2	查看故障记录,判断溜车是由于称重不准造成的
3	准备砝码,对电梯负荷进行校对、调整
4	维修完成后,对电梯运行状态进行检查
5	确认设备正常后,恢复使用

2.电梯反复失位故障处理

电梯反复失位故障处理见表 6.7。

表 6.7　电梯反复失位故障处理

专业	系统/设备	故障现象	故障原因	处理指南	故障影响	故障分类
电扶梯	电梯	电梯反复失位	电梯位置感应系统故障	详细步骤见表 6.8	电梯无法使用	I

电梯反复失位故障处理操作步骤见表 6.8。

表 6.8　电梯反复失位故障处理操作步骤

序号	步骤
1	维修人员按进入轿顶安全程序进入轿顶,然后在轿顶手动操作电梯上下运行,在运行过程中观察电梯感应装置是否有问题或感应码板位置是否有偏移
2	对有问题的感应码板重新调整位置,且对其他感应码板进行紧固
3	如电梯感应装置有问题,则更换电梯感应装置
4	维修完成后,对电梯运行状态进行检查
5	确认设备正常后,恢复使用

3.电梯门机故障处理

电梯门机故障处理见表 6.9。

表 6.9　电梯门机故障处理

序号	专业	系统/设备	故障现象	故障原因	处理指南	故障影响	故障分类
1	电扶梯	电梯	门无法开关	电梯门电机损坏	详细步骤见表 6.10	电梯无法使用或困人	I
2			电梯厅门关不紧	厅门关紧弹簧故障	详细步骤见表 6.11	电梯无法使用	

续表

序号	专业	系统/设备	故障现象	故障原因	处理指南	故障影响	故障分类
3	电扶梯	电梯	电梯门反复开关	厅门有异物阻碍,厅门关闭或门光幕装置有问题	详细步骤见表6.12	电梯无法使用	Ⅰ
4			电梯厅门关不上	门机关门力矩设置过小	详细步骤见表6.13		

电梯门机故障处理步骤见表6.10~表6.13。

表6.10 电梯门电机更换处理操作步骤

序号	步骤
1	维修人员按进入轿顶安全程序进入轿顶
2	更换门机,门机安装位置正确、连接牢固
3	门机开关灵活,无撞击,各触点调整到位
4	门机清洁、无杂物,门机盖板安装到位,门机接线正确
5	确认设备正常后,恢复使用

表6.11 电梯厅门关紧弹簧更换处理操作步骤

序号	步骤
1	更换前切断电梯电源
2	更换门关紧弹簧
3	调整弹簧至合适位置,确保厅门可以自闭
4	做开关门试验
5	确认设备正常后,恢复使用

表6.12 电梯门反复开关故障处理操作步骤

序号	步骤
1	查看电梯厅门及轿厢门是否有异物
2	若没有异物,检查光幕是否正常
3	确认光幕损坏后,进行更换
4	做开关门试验
5	确认设备正常后,恢复使用

表 6.13　电梯厅门关不上故障处理操作步骤

序号	步骤
1	使用电梯专用调试工具对电梯门机关门力矩进行调整
2	做开关门试验
3	确认设备正常后,恢复使用

4.电梯底坑限速器绳张紧开关动作故障处理

电梯底坑限速器绳张紧开关动作故障处理见表 6.14。

表 6.14　电梯底坑限速器绳张紧开关动作故障处理

专业	系统/设备	故障现象	故障原因	处理指南	故障影响	故障分类
电扶梯	电梯	电梯无法启动	限速器绳张紧装置动作	详细步骤见表 6.15	电梯无法使用或困人	I

电梯限速器绳张紧开关故障处理操作步骤见表 6.15。

表 6.15　电梯限速器绳张紧开关故障处理操作步骤

序号	步骤
1	进入底坑检查张紧开关
2	若开关损坏,则进行更换
3	对限速器绳张紧装置的张紧情况进行检查,确认限速器绳是否出于张紧状况,并对张紧装置进行调整
4	检查调整完成后,对电梯运行状况进行检查
5	确认设备正常后,恢复使用

5.电梯门锁开关继电器故障处理

电梯门锁开关继电器故障处理见表 6.16。

表 6.16　电梯门锁开关继电器故障处理

专业	系统/设备	故障现象	故障原因	处理指南	故障影响	故障分类
电扶梯	电梯	电梯无法启动	门锁开关继电器故障	详细步骤见表 6.17	电梯无法使用或困人	II

电梯门锁开关继电器故障处理步骤见表 6.17。

表 6.17　操电梯门锁开关继电器故障处理操作步骤

序号	电梯门锁开关继电器故障处理操作步骤
1	维修人员在各厅门处设置护栏,阻止人员进入电梯
2	关闭电梯电源
3	打开电梯控制柜门,检查门锁开关继电器是否运作正常,更换损坏的门锁开关继电器
4	调整完成后,对电梯运行状况进行检查
5	确认设备正常后,恢复使用

6.3　自动扶梯设备常见故障及处理方法

1. 自动扶梯梳齿夹异物故障处理

自动扶梯梳齿夹异物故障处理见表 6.18。

微课:自动扶梯典型故障及处理方法

表 6.18　自动扶梯梳齿夹异物故障处理

专业	系统/设备	故障现象	故障原因	处理指南	故障影响	故障分类
电扶梯	自动扶梯	自动扶梯停梯或异响	自动扶梯卡异物	详细步骤见表 6.19	自动扶梯无法使用	Ⅰ

自动扶梯梳齿卡异物故障处理操作步骤见表 6.19。

表 6.19　自动扶梯梳齿卡异物故障处理操作步骤

序号	步骤
1	采用疏齿专用拆除工具对疏齿进行拆除,拆除疏齿后取出异物
2	检查疏齿是否有变形或断齿情况,如一块疏齿有 3 个或 3 个以上断齿,则需要更换整块疏齿;如在一块梳齿上连续有 2 个断齿,也需要更换
3	检查调整完成后,对自动扶梯运行状况进行检查
4	确认设备正常后,恢复使用

2. 自动扶梯扶手带失速故障处理指南

自动扶梯扶手带失速故障处理见表 6.20。

表 6.20　自动扶梯扶手带失速故障处理

系统/设备	故障现象	故障原因	处理指南	故障影响	故障分类
自动扶梯	自动扶梯停梯	扶手带失速	详细步骤见表 6.21	自动扶梯无法使用	Ⅰ

自动扶梯扶手带失速故障处理操作步骤见表 6.21。

表 6.21 自动扶梯扶手带失速故障处理操作步骤

序号	步骤
1	维修人员采用玻璃吸盘工具对扶梯扶手驱动装置位置的护壁板(扶梯上下转弯处)进行拆除
2	检查扶手带与压带轮的压紧程度,对压紧轮的位置进行调整
3	对扶梯进行试运行,用手拉扶手带,看扶手带的运行情况,同时观察扶手带表面压紧痕迹,判断扶手带是否过压紧,如都无问题,则停止扶梯
4	采用玻璃吸盘工具对护壁板进行安装
5	检查完成后,对自动扶梯运行状况进行试运行

3. 自动扶梯安全回路故障处理指南

自动扶梯安全回路故障处理见表 6.22。

表 6.22 自动扶梯安全回路故障处理

序号	专业	系统/设备	故障现象	故障原因	处理指南	故障影响	故障分类
1	电扶梯	自动扶梯	自动扶梯停梯	扶手带入口保护装置动作故障	详细步骤见表 6.23	自动扶梯无法使用	I
2				裙板安全开关动作故障	详细步骤见表 6.24		
3				驱动链断链保护动作故障	详细步骤见表 6.25		
4				梯级链保护开关动作故障	详细步骤见表 6.26		
5				梯级缺失光电开关动作故障	详细步骤见表 6.27		
6				梯级塌陷开关动作故障	详细步骤见表 6.28		

自动扶梯安全回路故障处理操作步骤见表 6.23~表 6.28。

表 6.23 自动扶梯扶手带入口保护装置动作故障处理操作步骤

序号	步骤
1	维修前做好防护
2	检查扶手带入口保护装置,若无异物则复位开关
3	若开关损坏,则进行更换
4	检查完成后,对自动扶梯运行状况进行检查
5	确认设备正常后,恢复设备,出清现场

项目六　城市轨道交通电扶梯设备常见故障处理

表 6.24　自动扶梯裙板安全开关动作故障处理操作步骤

序号	步骤
1	维修前做好防护
2	检查裙板安全开关,若有异物,则取出异物
3	若开关损坏或开关间隙不合适,则进行更换,调整间隙
4	检查完成后,对自动扶梯运行状况进行检查
5	确认设备正常后,恢复设备,出清现场

表 6.25　自动扶梯驱动链断链保护动作故障处理操作步骤

序号	步骤
1	维修前做好防护
2	检查驱动链保护开关位置是否偏移或驱动链拉长比率是否超过3%
3	如为保护开关位置偏移,则调整驱动链保护开关的位置;如为驱动链拉长比率大于3%,则更换驱动链
4	检查完成后,对自动扶梯运行状况进行检查
5	确认设备正常后,恢复设备,出清现场

表 6.26　自动扶梯梯级链保护开关动作故障处理操作步骤

序号	步骤
1	维修前做好防护
2	检查梯级链张紧装置位置是否移动、张紧弹簧是否损坏、梯级链伸长比率是否大于3%及张紧装置的轴承座有无损坏
3	如梯级链张紧装置有移动,则检查异常移动原因,对张紧装置进行调整紧固;如张紧弹簧出现松动或损坏,则对弹簧进行更换;如梯级链伸长原因造成保护开关动作,则对弹簧进行调整,确保梯级链的张紧度正常;如梯级链伸长比率超过3%时,则需更换梯级链;如张紧装置的轴承座损坏,则包含梯级链保护开关在内的多个开关同时动作,需要将张紧装置及部分梯级拆除,更换新的轴承座
4	检查完成后,对自动扶梯运行状况进行检查
5	确认设备正常后,恢复设备,出清现场

表 6.27　自动扶梯梯级缺失光电开关动作故障处理操作步骤

序号	步骤
1	维修前做好防护
2	检查梯级缺失感应触头位置是否正确、是否有梯级缺失或梯级缺失感应装置有损坏
3	如梯级缺失感应触头位置有偏差,则调整此触头位置并紧固;如有梯级缺失,则在扶梯两端头设置禁止进入的护栏,打开下平台地台板,用检修控制盒将扶梯缺失梯级处运行到下机仓处,将梯级安装好;如梯级缺失感应装置有问题,则更换新的感应装置
4	检查完成后,对自动扶梯运行状况进行检查
5	确认设备正常后,恢复设备,出清现场

实操:自动扶梯梯级更换

表 6.28　操作卡片 8:自动扶梯梯级塌陷开关动作故障处理操作步骤

序号	自动扶梯梯级塌陷开关动作故障处理操作步骤
1	维修前做好防护
2	检查梯级塌陷开关是否安装过松(在运行震动时误动作)或梯级塌陷开关是否安装过于靠近梯级(在重载情况下梯级向下偏差,造成开关动作)或梯级损坏往下有塌陷
3	如梯级塌陷开关安装过松,则调整开关松紧度,使之不易误动作,同时也不会不动作;如梯级塌陷开关安装过高,很靠近梯级时,则调整塌陷开关的位置,使之与梯级间隙增大,消除误动作;如梯级有损坏,则在扶梯两端头设置禁止进入的护栏,打开下平台地台板,用检修控制盒将扶梯损坏梯级处运行到下机仓处,更换新的梯级
4	检查完成后,对自动扶梯运行状况进行检查
5	确认设备正常后,恢复设备,出清现场

4.自动扶梯主机故障处理

自动扶梯主机故障处理见表 6.29。

表 6.29　自动扶梯主机故障处理

专业	系统/设备	故障现象	故障原因	处理指南	故障影响	故障分类
电扶梯	自动扶梯	自动扶梯停梯	主机轴、电机轴承、润滑油出现问题	详细步骤见表 6.30	自动扶梯无法使用	I

自动扶梯主机故障处理操作步骤见表 6.30。

项目六　城市轨道交通电扶梯设备常见故障处理

表 6.30　自动扶梯主机故障处理操作步骤

序号	步骤
1	维修人员在扶梯两端头放置防护栏,然后打开上平台地台板,检查主机表面的热度及润滑油的标尺,检查润滑油的油量及油质
2	如主机表面过热,而润滑油没有问题时,则只能由主机生产厂家派技术人员对主机轴、电机轴等进行检查
3	如润滑油油量或润滑油油质有问题,则需要更换润滑油,并将此情况提交给主机生产厂家
4	检查完成后,对自动扶梯运行状况进行检查
5	确认设备正常后,恢复设备,出清现场

5.自动扶梯控制柜继电器故障处理

自动扶梯控制柜继电器故障处理见表 6.31。

表 6.31　自动扶梯控制柜继电器故障处理

专业	系统/设备	故障现象	故障原因	处理指南	故障影响	故障分类
电扶梯	自动扶梯	自动扶梯停梯	自动扶梯继电器故障	详细步骤见表 6.32	自动扶梯无法使用	I

自动扶梯控制柜继电器故障处理操作步骤见表 6.32。

表 6.32　自动扶梯控制柜继电器故障处理操作步骤

序号	步骤
1	维修人员在扶梯两端头放置防护栏
2	打开上平台检修板,进入自动扶梯上机仓,打开控制柜门
3	检查各继电器能否正常动作,触头有无氧化及烧焦痕迹,更换损坏的继电器
4	检查完成后,对自动扶梯运行状况进行检查
5	确认设备正常后,恢复设备,出清现场

6.4　电扶梯故障处理实例

6.4.1　电梯防扒门装置故障处理分析

1.故障现象

轿厢运行过程中急停。

2. 故障影响

乘客被困轿厢内，电梯无法正常使用。

3. 处理措施

现场检查每层防扒门装置间隙、门刀间隙、导靴间隙、靴衬间隙，检查发现防扒门机械装置（图6.1）卡阻，导致无法正常开门。现场进行调试，观察每层防扒门开关是否异常，确认无异常后进行正常运行测试。测试2h无异常恢复设备正常使用。

图6.1　防扒门机械装置

4. 原因分析

根据故障现象，结合故障记录（图6.2），初步判断门锁故障。分别检查厅门门锁和轿门门锁，厅门门锁锁钩间隙正常，门锁触点插入深度符合要求，接触良好；检查门刀间隙、导靴间隙、靴衬间隙正常；检查防扒门间隙，有所偏差，判断为防扒门故障。

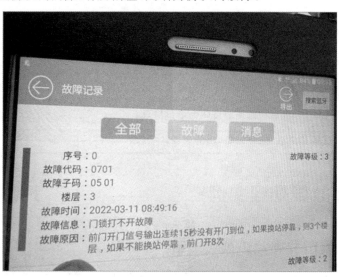

图6.2　故障记录

5. 预防措施

向技术员培训此次的故障原因以及解决方案。在保养时侧重于检查防扒门间隙、门刀间隙、导靴间隙、靴衬间隙,避免因间隙大造成轿厢在运行时有震动、晃动。

6.4.2 电梯厅门机械锁啮合不到位故障处理分析

1. 故障现象

电梯不开门或者反复开关门。

2. 故障影响

造成电梯不运行死机状态,特殊情况下造成困人现象。

3. 处理措施

查看每层层门导轨是否有油泥或其他异物,及时清理。开关门检查层门机械锁钩是否啮合到位,对啮合间隙调整不当的机械锁钩进行调整,反复测试开关门无异常后恢复电梯。

4. 原因分析

根据故障现象,结合故障记录,初步判断层门门锁故障,经检查门头导轨有油泥,导致层门关门时阻力大,机械锁钩未完全啮合。清理油泥后层门机械锁自然地啮合到位。由此现象判定为层门机械锁啮合不到位造成故障。层门门锁结构如图 6.3 所示。

图 6.3 层门门锁结构图

5. 预防措施

检修时要查看门导轨是否有异物或油泥,门锁触点、机械锁是否调整到位,发现问题后及时处理或更换配件,避免长时间开关门电梯不运行或者困人现象。

6.4.3 自动扶梯梳齿卡异物故障处理分析

1. 故障现象

自动扶梯运行时产生异响或急停。

2. 故障影响

自动扶梯梳齿开关动作造成急停,无法正常使用。

3. 处理措施

现场查看梳齿卡异物是否造成梳齿断裂,如有断齿需要更换梳齿板。如果梳齿卡异物导致梳齿开关动作,取出异物之后检查调整梳齿开关位置,检查是否有松动情况,试运行 20 min 确认无异常后恢复设备使用。

4. 原因分析

根据梳齿卡的异物进行分析,是否为设备本身部件,如果是设备本身部件异物,检查设备外表面各部件是否齐全完整。如异物非设备本身部件,则为设备外部侵入异物。梯级卡螺丝或异物如图 6.4 所示。

图 6.4 梯级卡螺丝或异物

5. 预防措施

加大对自动扶梯周围卫生的清扫频次和力度。维修人员巡检时注意电梯外部的装饰螺丝,如有发现松动及时处理,减少故障发生次数。

6.4.4 自动扶梯梯级滚轮破损故障处理分析

1. 故障现象

梯级滚轮破损。

2. 故障影响

梯级滚轮损坏,造成梯级下限安全开关动作自动扶梯急停。

3. 处理措施

检查各梯级滚轮是否变形、破损,检查损坏滚轮旁其他部件是否损坏,更换破损梯级滚轮。

4. 原因分析

梯级滚轮上螺丝松动、导轨落入异物、重物碰撞梯级等原因可能造成梯级滚轮损坏。

5.预防措施

检修时检查每个梯级外观及滚轮,发现破损及时更换;加强设备管理,规范使用自动扶梯。梯级变形损坏如图 6.5 所示。

图 6.5　梯级变形损坏

6.4.5　自动扶梯乘客光电感应装置故障处理分析

1.故障现象

故障显示屏报光电感应故障,自动扶梯仍继续运行。

2.故障影响

手动停梯后,无法正常开启设备。

3.处理措施

现场查看电梯故障记录为乘客光电感应故障。检查上下部乘客光电感应装置发射端和接收端电压、接线是否正常,如确认损坏,则及时更换。

4.原因分析

(1)光电感应装置接线松动、破损导致供电电压异常,无法正常接、发信号。

(2)外部撞击、进水导致光电感应装置损坏失效。

5.预防措施

检修时对乘客光电感应装置(图 6.6)进行测试,发现异常及时处理。

图 6.6　乘客光电感应

6.4.6　自动扶梯工作制动器电磁铁故障故障处理分析

1. 故障现象

工作制动器抱闸臂无法正常开启、闭合。

2. 故障影响

自动扶梯运行中急停或无法开梯。

3. 处理措施

现场查看故障记录为工作制动器应松闸而未松闸的故障,和工作制动器应制动而未制动的故障。检查工作制动器的接线和电源控制盒及电磁铁,判断工作制动器电磁铁故障。更换电磁铁,检查调整工作制动器的力矩,监测开关后设备恢复正常。

4. 原因分析

工作制动器接线异常或力矩调整不当可导致电磁铁故障。工作制动器电磁铁如图 6.7 所示。

图 6.7　工作制动器电磁铁

5. 预防措施

保养时检查工作制动器接线并检查力矩是否在标准范围内。

6.4.7 自动扶梯扶手带脱轨故障处理分析

1. 故障现象

自动扶梯扶手带脱轨。

2. 故障影响

自动扶梯停梯。

3. 处理过程

现场人员发现扶手带导轨上固定的锦纶导件翘起变形,扶手带在弯曲处脱离导轨位置。现场更换了变形的锦纶导件,并且检查故障自动扶梯其他锦纶导件。确认完成后安装扶手带,检查其他部件均正常,进行自动扶梯试运行。

4. 原因分析

经分析,扶手带脱轨原因为扶手带导轨上的锦纶导件翘起导致扶手带脱轨,进而触碰扶手带入口开关动作停梯,如图6.8所示。

图 6.8 扶手带支架

扶手带导轨上的锦纶导件主要起固定扶手带导夹作用。本台故障扶梯扶手带在运行过程中摩擦锦纶导件,导致锦纶导件边缘翘起,进而将扶手带顶离导轨范围,扶手带脱轨,如图6.9所示。

图 6.9 扶手带脱轨

扶手带在被顶离导轨位置后,由于本台自动扶梯为下行扶梯,扶手带在下行过程中,被顶起位置以下扶手带均脱离导轨范围,扶手带脱落长度约为 10 m。由于扶手带驱动装置在盖板下部,扶手带受拉力作用下,脱轨扶手带被拉直,如图 6.10 所示。

图 6.10　扶手带入口保护开关动作

扶手带脱轨处触碰扶手带入口开关,安全开关动作后自动扶梯停梯。正常情况下锦纶导件的安装情况如图 6.11 所示。

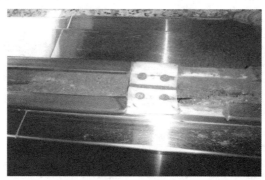

图 6.11　锦纶导件

无故障锦纶导件及支架与本次故障锦纶导件及支架对比如图 6.12 所示。

图 6.12　导件及支架

5. 采取措施

扶梯长期运行时,扶手带与锦纶导件极易产生摩擦,进而将扶手带顶出导轨位置,在设计上存有缺陷。将锦纶导件支件更改为"几"字形,两端采用防松螺栓紧固在导轨上,将有效解决此类故障。整改前后对比如图6.13所示。

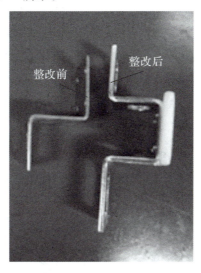

图 6.13 整改前后对比

6.4.8 自动扶梯下溜故障处理分析

1. 故障现象

上行扶梯紧急停梯后有下溜趋势。

2. 故障影响

该故障未造成乘客受伤,但溜梯事件易造成乘客心理恐慌。

3. 处理过程

故障发生后,专业人员立即到现场处理故障,组织厂家技术人员召开故障分析专题会,并现场查看设备状态。

4. 原因分析

经讨论分析,造成自动扶梯下溜的主要原因为主抱闸没有完全抱死。主抱闸不能完全抱死的原因主要包括:

(1)闸瓦间隙没有调整到位,出现抱闸臂动作不同步情况。
(2)抱闸臂弹簧长度超过标准要求,造成抱闸臂弹力不够,抱闸臂不能完全抱死。
(3)保留行程间隙不足,造成螺栓顶住机构,造成抱闸臂不能完全抱死。
(4)抱闸臂摩擦片磨损过多,造成抱闸臂不能完全抱死。

以上四个原因均可造成主抱闸不能完全抱死,自动扶梯制动距离超过国标要求,抱闸示意图如图6.14所示。

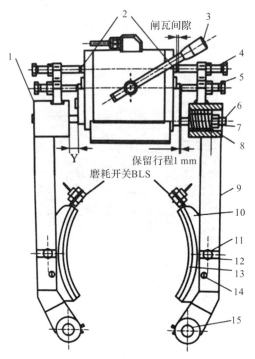

1—碟簧组;2—间隙开关BLR;3—释放杆;4—间隙检测螺栓;5—保留行程调整螺栓;
6—拉杆;7—调整螺母;8—弹簧;9—制动臂;10—制动靴;11—弹簧销;12—销轴;
13—闸瓦衬片;14—设定螺钉;15—铰接螺栓。

图6.14 抱闸示意图

5.采取措施

(1)空载制动距离。国标《自动扶梯和自动人行道的制造与安装安全规范》(GB 16899—2011)和技术规格书要求以0.5 m/s速度运行的自动扶梯空载制动距离为0.2~1.0 m,厂标要求为0.2~0.5 m。

现场测量空载制动距离为1.8 m,如图6.15所示。整改后的空载制动距离如图6.16所示。

图6.15 整改前的空载制动距离

图6.16 整改后的空载制动距离

(2)抱闸弹簧。抱闸弹簧整改前、后情况如图6.17和图6.18所示。

图6.17 整改前的抱闸弹簧

图6.18 整改后的抱闸弹簧

(3)闸瓦间隙。闸瓦间隙(松闸扳手动作时)整改前、后情况如图6.19和图6.20所示。

图6.19 整改前的闸瓦间隙

图6.20 整改后的闸瓦间隙

(4)保留行程。保留行程整改前、后情况如图6.21和图6.22所示。

图6.21 整改前的保留行程

图6.22 整改后的保留行程

经过检查,闸瓦间隙、抱闸臂弹簧长度和保留行程均不满足要求。自动扶梯空载制动距离超出《自动扶梯和自动人行道的制造与安装安全规范》(GB 16899—2011)要求。

为提高自动扶梯维保质量,应对自动扶梯维保关键环节进行量化,加强各维保单位管理,将对各维保单位的量化表打印成册放到自动扶梯的机仓内(一梯一册),每次保养填写一次,保养过程中测量一项记录一项。加强对维保单位的监督考核管理,发现弄虚作假者,严格按照相关规定予以处罚。

思政拓展：大国工匠——电梯维护人最后的坚守

1."电梯医生"张东平

"我有14年党龄,在电梯技术管理岗位工作了20多年,党赋予的光荣使命时刻鼓舞着我,时代进步与服务人民、服务社会的强烈愿望激励着我。"张东平说:"这21年,强烈的使命感和责任感淬炼了我,共产党员严格的标准和崇高的精神境界培养了我,让我始终不忘初心,始终牢记使命。"

在电梯数量全国排名第五的重庆,"电梯医生"张东平20多年的工作积累,不仅练就了以"一听一触"就能准确判断电梯故障的技能,为用户制订、实施老旧电梯改造的最优方案,且致力于安全技术科研,为特种设备质监事业发展做出了突出贡献。

2.从"大国工匠"到"工匠之师"的刘勇

20年来,刘勇秉持"实事求是、崇尚科学"这一原则,先后从事电梯安装与维修、电梯远程监控、电梯生产加工等工作,多次解决了技术难题,并获得良好的社会效果。2008年北京奥运会期间,解决了多项技术难题,特别是残疾人操作盘等的设计;改进的热线召修和远程监控方式为客户提供了优质服务,荣获了中国红十字总会颁发的"人道服务奖章"。十年前,刘勇走上职业教育讲台,他悉心培养学生,将自己工作多年积累的技术与经验手把手地教给学生。教课以外刘勇潜心钻研,他主持的GeN 2无机房电梯产品及电梯能源再生技术项目,最高节能达70%,获部级认定达到国际先进水平,并进行成果推广,开发教学仪器获得专利,主编专著将新技术在国内电梯企业成功推广;主持的奥的斯电梯公司热线召修、EMS远程监控及AMT自动补件项目生产效率提高30%,获市级科技成果奖,达到国内先进水平,近年来产品进行升级并获得软件著作权,获得天津市高级人才证书并享受相关政府津贴。

课后练习题

1. 电扶梯设备的故障类型有哪些？分别是如何定义的？
2. 电梯反复失位故障时该如何处理？
3. 常见的电梯门机故障类型有哪些？
4. 简述电梯限速器绳张紧开关故障处理操作步骤。
5. 常见的自动扶梯安全回路故障有哪些？
6. 简述自动扶梯梯级塌陷开关动作故障处理步骤。

项目七 实训项目

实训项目一　认识电梯

一、实训目的

(1) 了解电梯的分类、用途、基本功能等。

(2) 树立安全意识,提高协作能力,养成良好的安全意识和职业素养。

二、实训准备

(1) 指导教师事先做好预案(参观路线等),对学生进行分组。

(2) 指导教师对学生进行参观前安全教育。

① 参观首先一定要注意安全。在参观前必须要进行安全教育,强调绝对不能乱动、乱碰任何控制电气设备。在组织参观前做好联系工作,事先了解现场环境,安排好参观位置,不要影响现场秩序,防止发生事故。

② 参观现场若比较狭窄,可分组分批轮流或交叉参观,每组人数根据实际情况而定,以保证安全、不影响现场秩序为前提,以确保教学效果为原则。

③ 若条件许可,可有目的地组织参观各种电梯,如客梯、货梯、观光电梯等。

三、实训步骤

(1) 组织到有关场所(如学校教学楼、地铁车站、商场或写字楼等)参观电梯,将观察结果记录于电梯参观记录表(表7.1)中。

(2) 学生分组,每个人口述所参观电梯的类型、用途、基本功能等,交换角色,反复进行。

表7.1　电梯参观记录

项目	内容
电梯类型	客梯,货梯,观光电梯,客货两用电梯,其他类型
安装位置	车站,住宅楼,写字楼,宾馆酒店,机场,其他场所

续表

项目	内容
主要用途	载客,货运,观光,其他用途
楼层数	10层以下,10层以上,20层以上
载重量(或载客人数)	
电梯型号	
运行速度	低速,快速,高速,超高速
观察电梯的运行方式和操作过程的其他记录	

实训项目二 电梯设备结构认知

一、实训目的

(1)熟悉电梯的基本结构和主要部件的安装位置及功能。
(2)树立安全意识,提高协作能力,养成良好的安全意识和职业素养。

二、实训准备

(1)指导教师事先做好预案,对学生进行分组。
(2)指导教师对操作安全规范进行简单介绍,具体可参见实训项目一。

三、实训步骤

(1)以3~6人为一组,在指导教师的带领下观察电梯,全面、系统地观察电梯的基本结构,认识电梯的各个系统和主要部件的安装位置以及作用。

(2)熟悉电梯的主要部件和作用,做到能说出部件名称、主要功能及安装位置,小组成员互相提问,反复进行。然后将学习情况记录于表7.2中。注意:操作过程要注意安全,观察电气设备应在教师指导下进行。

表7.2 电梯部件的功能及位置

序号	部件名称	主要功能	安装位置	备注
1				
2				
3				
4				
5				
6				
…				

实训项目三　限速器安全钳联动机构认知

本实训项目设备为 YL-773-A 型电梯限速器安全钳联动实训装置。

一、实训目的

(1)熟悉限速器安全钳联动装置的结构及动作原理。
(2)树立安全意识,提高协作能力,养成良好的安全意识和职业素养。

二、实训准备

(1)指导教师事先做好预案,对学生进行分组。
(2)指导教师对操作安全规范进行简单介绍,具体可参见实训项目一。

三、实训步骤

3~6 人为一组观察限速器安全钳联动实训装置的结构,每个人口述在该装置中观察到的部件及作用。

进行限速器安全钳联动实验,按照如下步骤进行:

(1)在做实验前应调整上下导靴间隙,使其保持间隙在 0~2 mm;检查限速器是否复位,处于正常工作状态;安全钳间隙是否符合要求。

(2)把手动绞盘置于转绞状态,装上绞动手柄并锁紧手柄,绞动绞盘提升至合适高度。(注:绞动绞盘时需注意绞盘内的钢丝绳应保持缠绕整齐)。

(3)去掉绞盘手柄,拨动绞盘杆使手动绞盘处于空转状态,此时轿架厢底座自由坠落,限速器动作,带动安全钳的引上棒连杆装置,使安全钳楔块上提卡死导轨。

(4)将限速器安全钳联动实验数据记录在表 7.3 中。

表 7.3　限速器安全钳联动实验数据　　　　　　　　　　　单位:mm

上导靴间隙	下导靴间隙	安全钳间隙(限速器侧)	安全钳间隙	下落距离	倾斜度误差

实训项目四　电梯轿门的安装与调整

本实训项目设备为亚龙 YL-775 型电梯万能门系统实训考核装置及配套工具。

一、实训目的

(1)了解电梯轿门的结构。
(2)掌握电梯轿门安装与调整的基本操作步骤和注意事项。
(3)树立安全意识,提高协作能力,养成良好的安全意识和职业素养。

二、实训准备

(1)指导教师对学生进行安全和规范操作的教育。
(2)根据实训任务要求选取工具。

三、实训步骤

1. 安装轿门

(1)安装轿门地坎。根据厅门地坎安装轿门地坎,两地坎要平行一致,高度为 30 mm,误差小于 1 mm,地坎中心与开门宽中心在同一直线上,水平度误差不大于 1/10 000。

(2)安装轿门门头。门头与轿厢相连接,并用 400～600 mm 水平仪测量其水平度误差,用线坠检查门导轨中心与地坎中心的垂直度,其误差小于 1 mm。

(3)安装门扇。把门挂轮挂在门头导轨上,用螺栓将门扇与门挂轮、门扇与滑块连接,用线坠测量门扇铅垂度误差在 1 mm 以内,门扇下端与地坎、门套的间隙均在 1～6 mm,中分门扇对合处,上部应为 0,下部应小于 2 mm。调整门压导板上导轨压轮与导轨间隙,应符合标准要求(参考值 0.3～0.5 mm)。同时开关门要顺畅可靠。

2. 安装轿门动力机构

(1)安装变频器、同步电动机。在轿顶上按图纸要求把门机变频器与同步电动机分别固定在轿门门头上。

(2)安装联动机构。该装置采取传动带联动机构,安装时注意带轮与门头的距离;传动带安装时齿向内,并先松开张紧装置,在轿门处于关闭状态时,用压码把传动带与两扇门分别连接。

3. 安装与调整门刀

在轿门上安装门刀时,调整门刀使垂直度误差小于 0.5 mm,门刀与自动门锁滚轮之间间隙为 5～7 mm。门刀与层门地坎的距离为 5～8 mm。

4．调整轿门

对安装好的轿门进行调整，要求轿门的铅垂度误差不大于 1 mm，用手带动轿门要实现开关门顺畅。

实训项目五　认识自动扶梯

一、实训目的

(1) 了解自动扶梯的特点、分类和主要参数。

(2) 树立安全意识，提高协作能力，养成良好的安全意识和职业素养。

二、实训准备

(1) 指导教师事先做好预案(参观路线等)，对学生进行分组。

(2) 指导教师对学生进行参观前安全教育。

三、实训步骤

(1) 到有关场所(如学校餐厅、地铁车站、商场或写字楼等)参观自动扶梯，将观察结果记录于自动扶梯参观记录表中(表 7.4)。

(2) 学生分组，每个人口述所参观自动扶梯的类型、用途、基本功能等，交换角色，反复进行。

表 7.4　自动扶梯参观记录

项目	内容
自动扶梯类型	客梯，货梯，观光电梯，客货两用电梯，其他类型
安装位置	车站，地铁站，商场，写字楼，宾馆酒店，机场，其他场所
主要用途	载客，货运，观光，其他用途
运行方向	单向，双向
提升高度	小，中，高
自动扶梯型号	
运行速度	恒速，变速
参观过程的其他记录	

实训项目六　自动扶梯梯级拆装

本实训项目设备为亚龙 YL-778 型自动扶梯及配套工具和器材。

一、实训目的

(1)了解梯级的结构与工作原理,掌握梯级拆装的安全操作规程。
(2)树立安全意识,提高协作能力,养成良好的安全意识和职业素养。

二、实训准备

(1)指导教师设置安全防护栏及安全警示标志。
(2)指导教师对学生进行参观前安全教育,检查学生穿戴的安全防护用品,包括工作服、工作帽和安全鞋。
(3)指导教师组织学生清点拆装梯级的专用工具。

三、实训步骤

(1)由两名学生合力拆卸上下入口的盖板,摆放在指定位置。
(2)在下机房接上检修控制盒并按下急停按钮。
(3)梯级拆除应在下部机房内进行,将要拆除的梯级点动运行到梯级嵌位处(必须由专人操作维修控制开关),然后断开总电源。
(4)使用六角钥匙松开锁环。
(5)将卡块用一字螺钉旋具推出梯级套环。
(6)拆卸梯级并安装在安全位置。
(7)安装时将梯级扣在梯级链轴上。
(8)将卡块套进梯级套环上。
(9)用六角钥匙锁紧卡环。
(10)仔细运转下方的梯级,并检查梯级与梳齿的啮合情况,确认梯级装置安装好并运行无碍后,将所有开关恢复正常状态。盖好出入口踏板,收拾工具,清理现场。